Aurélie Alexandre

Indicateurs clés de performance

Aurélie Alexandre

Indicateurs clés de performance

Aide à la décision au sein d'une entreprise

Éditions universitaires européennes

Mentions légales/ Imprint (applicable pour l'Allemagne seulement/ only for Germany)
Information bibliographique publiée par la Deutsche Nationalbibliothek: La Deutsche Nationalbibliothek inscrit cette publication à la Deutsche Nationalbibliografie; des données bibliographiques détaillées sont disponibles sur internet à l'adresse http://dnb.d-nb.de.
 Toutes marques et noms de produits mentionnés dans ce livre demeurent sous la protection des marques, des marques déposées et des brevets, et sont des marques ou des marques déposées de leurs détenteurs respectifs. L'utilisation des marques, noms de produits, noms communs, noms commerciaux, descriptions de produits, etc, même sans qu'ils soient mentionnés de façon particulière dans ce livre ne signifie en aucune façon que ces noms peuvent être utilisés sans restriction à l'égard de la législation pour la protection des marques et des marques déposées et pourraient donc être utilisés par quiconque.

Photo de la couverture: www.ingimage.com

Editeur: Éditions universitaires européennes est une marque déposée de Südwestdeutscher Verlag für Hochschulschriften GmbH & Co. KG
Dudweiler Landstr. 99, 66123 Sarrebruck, Allemagne
Téléphone +49 681 37 20 271-1, Fax +49 681 37 20 271-0
Email: info@editions-ue.com

Produit en Allemagne:
Schaltungsdienst Lange o.H.G., Berlin
Books on Demand GmbH, Norderstedt
Reha GmbH, Saarbrücken
Amazon Distribution GmbH, Leipzig
ISBN: 978-613-1-55336-3

Imprint (only for USA, GB)
Bibliographic information published by the Deutsche Nationalbibliothek: The Deutsche Nationalbibliothek lists this publication in the Deutsche Nationalbibliografie; detailed bibliographic data are available in the Internet at http://dnb.d-nb.de.
 Any brand names and product names mentioned in this book are subject to trademark, brand or patent protection and are trademarks or registered trademarks of their respective holders. The use of brand names, product names, common names, trade names, product descriptions etc. even without a particular marking in this works is in no way to be construed to mean that such names may be regarded as unrestricted in respect of trademark and brand protection legislation and could thus be used by anyone.

Cover image: www.ingimage.com

Publisher: Éditions universitaires européennes is an imprint of the publishing house Südwestdeutscher Verlag für Hochschulschriften GmbH & Co. KG
Dudweiler Landstr. 99, 66123 Saarbrücken, Germany
Phone +49 681 37 20 271-1, Fax +49 681 37 20 271-0
Email: info@editions-ue.com

Printed in the U.S.A.
Printed in the U.K. by (see last page)
ISBN: 978-613-1-55336-3

INDICATEURS CLES DE PERFORMANCE

Aurélie ALEXANDRE

Remerciements

Je tiens à remercier de nombreuses personnes qui m'ont conseillé de façon avisée et aidée tout au long du stage que j'ai réalisé au sein de l'entreprise Arc International durant 25 semaines.

Tout d'abord, je remercie beaucoup <u>Monsieur Pierre-Marie Moulière</u>, responsable de l'informatique de la région Europe, pour m'avoir accueilli si chaleureusement pour la 2ème année consécutive dans son service et de m'avoir fait confiance dans la réalisation de l'application.

Je remercie également <u>Monsieur Sylvain VELS</u>, chef de projet informatique, d'avoir assuré le rôle de tuteur d'entreprise, d'avoir contribué au bon déroulement du stage et pour sa grande disponibilité tout au long de ces 5 mois.

De plus, un grand merci à <u>Monsieur Jérémie Mary</u>, tuteur d'université et professeur à l'université Charles de Gaulle - Lille3, pour sa disponibilité lors des différentes demandes d'informations et lors de sa venue dans l'entreprise ainsi que pour son suivi et ses nombreux conseils prodigués durant le stage.

Je remercie aussi <u>Monsieur Ghislain Alexandre</u>, qui m'a accordé de son temps pour partager ses connaissances sur le développement PHP et pour répondre aux diverses demandes formulées lors du développement de l'application.

Enfin, je souhaite exprimer toute ma reconnaissance aux autres personnes du service informatique qui m'ont aidé, ne serait-ce qu'en me donnant un conseil, un renseignement ou pour leur amabilité et ont pour cela contribué de près ou de loin au très bon déroulement de mon stage ; merci plus particulièrement à Sophie Bourgeois, prestataire de service, Claudine Dubarre et Evelyne Smis, cadres en informatique, avec qui j'ai cohabité tout au long du stage dans le même bureau où il y régnait une ambiance très conviviale, ainsi qu'à Jérémie Blondel et Robert Codron, stagiaires, avec qui j'ai partagé mes connaissances en informatique ainsi que de nombreuses « pauses-cafés ».

Table des Matières

1 INTRODUCTION

Dans le cadre de la deuxième année de Master « Mathématiques et Informatique Appliquées aux Sciences Humaines et Sociales » (MIASHS) spécialité « Informatique et Document », un stage de fin d'étude en entreprise est obligatoire afin de valider le diplôme.

Pour ma part, j'ai choisi de réaliser ce stage au sein du service informatique de l'entreprise Arc International (Arques – Pas de Calais) du 11 février au 1er août 2008.

Arc International, grand groupe privé français, est le leader mondial dans la production de verrerie pour les Arts de la Table avec des marques célèbres telles que Cristal d'Arques, Arcopal ou encore Luminarc. La filiale française du groupe constitue une des plus grandes entreprises françaises et aussi une des principales sources d'emplois dans le bassin du Pas-de-Calais.

Depuis plusieurs années, Arc International souhaite mettre en place des indicateurs de performance permettent de gérer de façon décisionnelle l'entreprise et ses différents services. Mon stage a tout d'abord porté sur l'étude des produits disponibles à l'heure actuelle sur le marché de l'informatique décisionnelle. Certaines sociétés se sont déplacées dans les locaux de Arc International afin de présenter leur produit et de nous donner de plus amples informations. Après réflexion, il a été décidé de développer cette application en interne plutôt que de faire l'acquisition d'un « progiciel » gérant toutes les facettes de ce projet.

Il est à noter que le service informatique de la société Arc International développait déjà ses propres applications dans différents domaines tels que la finance, le commerce, la production, les ressources humaines, etc... La mise en place d'une nouvelle application ne posait donc pas de problème majeur.

Ce livre présente en détail les phases de déroulement du projet et expose les réalisations faites ainsi que les solutions proposées. Il est composé de la présentation de l'environnement du stage, de la définition des besoins, de l'étude de l'existant et de la conception du projet.

2 ENVIRONNEMENT DU STAGE

2.1 LE GROUPE

ARC International est producteur d'articles de verrerie, de vaisselle et culinaires, à l'échelle industrielle, tout en perpétuant la tradition et la recherche de qualité léguée par les maîtres verriers. Avec un chiffre d'affaires de 1,5 milliard d'euros en 2007, des produits distribués dans 160 pays, une trentaine de bureaux de liaison répartis sur les cinq continents, des filiales implantées en Espagne, aux États-Unis, en Italie, en Chine et aux Émirats Arabes Unis et fort de ses 15 000 collaborateurs, le groupe Arc International est le **leader mondial des Arts de la Table**.

Illustration 1 : Vue aérienne du site d'Arques

Les activités d'Arc International sont organisées selon une logique de développement durable qui veille à équilibrer les exigences économiques, la responsabilité sociale et le respect de l'environnement. C'est aussi l'engagement de tous ses collaborateurs qui ont à coeur de faire du développement durable un élément de leur mission quotidienne.

2.1.1 HISTORIQUE

Stimulés par une demande de Dames-Jeannes, des négociants et des propriétaires terriens investissent au début du XIXème siècle dans de nouvelles entreprises.

Deux verreries sont ainsi créées près de Saint-Omer :

- En 1823 : à Saint-Martin-Au-Laërt, par Charles Carpentier

- En 1825 : à Arques, par Alexandre des Lyons de Noircame

Elles fusionnent en 1826 sous la direction de Charles Carpentier, sous le nom de « Verrerie des Sept Écluses ».

La verrerie Cristallerie d'Arques bénéficie depuis plus de 170 ans d'une grande stabilité de direction. A la suite de M. Georges Durand, arrivé en 1897, M. Jacques Durand est entré dans l'entreprise en 1927 et la relève familiale a été assurée par son épouse et ses enfants.

L'an 2000 marque une nouvelle étape dans le développement de la

Verrerie Cristallerie d'Arques (VCA) avec la restructuration de ses marques, le rachat d'une société américaine : Mikasa, et un changement de nom et de logo. La Verrerie Cristallerie d'Arques devient Arc International.

Aujourd'hui, c'est un groupe privé, à l'actionnariat 100% familial, qui fabrique 6 millions d'articles chaque jour (soit 70 par seconde), ayant pour objectif de fournir au plus grand nombre de consommateurs des articles Arts de la Table et de décoration de qualité.

« **Le beau accessible à tous** » © Jacques Durand

2.1.2 L'ÉQUIPE DIRIGEANTE

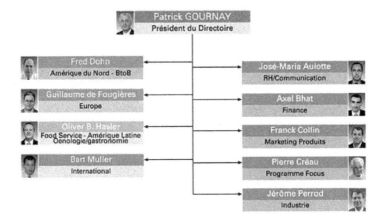

2.1.3 MARQUES ET PRODUITS

Le groupe rassemble plusieurs marques, chacune étant caractérisée par son niveau de gamme, son mode de distribution, son public. L'entreprise compte plus de 8000 produits pour la table, la cuisson ou la décoration.

◆ Les marques « Grand Public » :

- o **Luminarc** (pour les réseaux de grandes distributions)

- o **Mikasa** (leader américain de la distribution des arts de la table) *(vendue à la mi-juin 2008)*

- o **Pyrex** (spécialisé dans les produits de cuisson)

- o **Cristal d'Arques Paris** (la marque « French Touch »)

- o **Chef & Sommeliers** (tradition et héritage oenologique français, dédié au vin)

- ◆ Les marques « Professionnelles » :

- o **Arcoroc Professional**

- o **Chef & Sommelier** (les lignes « gastronomie » et « oenologie »)

Aujourd'hui acteur incontesté du marché Business to Business (B to B), Arc International travaille pour de nombreuses marques connues : Mac Donald's, Coca-Cola, Amora, Perrier (fabrication du célèbre verre Perrier créé par Martin Szekely), Moët et Chandon... Le marché B to B, c'est également la production d'articles plus surprenants de la part du spécialiste de la verrerie et de la cristallerie, tels que les hublots de machines à laver, des plateaux de four micro-ondes ou encore des pèse-personnes.

2.2 Présentation de l'entreprise

L'entreprise dans laquelle le stage a été effectué se situe à Arques (Pas-de-Calais) et emploie environ 9500 personnes à l'heure actuelle.

Il s'agit bien évidemment d'un moteur économique au niveau régional : emplois directs et indirects, construction de maisons pour le personnel, de lycées d'enseignement professionnel, d'écoles d'enseignement supérieur et d'équipements sportifs.

Le pôle français est en fait composé de trois sites distincts : Arques, Blaringhem et Aire-sur-la-Lys, et la majeure partie (83%) de sa production est exportée dans le monde entier.

Tous les articles en cristal sont fabriqués exclusivement à Blaringhem. Les articles « non cristal » (borosilicate, sodocalcique ...) sont fabriqués à Arques. Le site d'Aire-sur-la-Lys est, quant à lui, un atelier de moulerie pour la fabrication des moules neufs.

2.3 Présentation du service informatique

Le service Informatique se divise en deux étages : « Exploitation » (1er étage) et « Études et Développement » (2ème étage).

2.3.1 Exploitation

Dans cette partie du service, on peut distinguer deux cellules : la production et l'analyse / exploitation.

La cellule Production est en rapport direct avec le matériel et est organisée selon 4 domaines :

- SVP : Intervention sur site pour réparation, installation ou échange de matériel,

- Pilotage : Recueil des problèmes liés aux systèmes informatiques et interventions de premier niveau (assistance utilisateur),

- Planning : Planification des différents travaux « batch » et sécurités à effectuer,

- Façonnage : Impressions, ventilation, reliure et gestion des stocks de papier et cartouches d'encre.

La cellule Analyse / Exploitation est chargée de la mise en place des logiciels. Son activité concerne les données et les traitements :

- Données : Administration de bases de données (suivi lancement et montée en puissance des applications), confidentialité d'accès aux applications et aux données,

- Traitements : Dossier d'exploitation, automatismes d'exploitation, organisation des sauvegardes, des processus de délestage et de reprise.

L'outil de gestion de parc est administré par l'exploitation informatique.

2.3.2 ÉTUDES ET DÉVELOPPEMENT

C'est dans cette subdivision du service informatique que j'ai travaillé durant mon stage. Dans ce service s'effectue l'étude, le développement et la maintenance des applications pour Arc International.

Une quarantaine de personnes le compose et est réparti selon l'organisation suivante :

o Corporate

o Europe

La partie Corporate est chargée de la maîtrise d'œuvre au niveau du groupe, elle recense les besoins des différentes filiales et trouve des ressources pour les traiter (au niveau Europe, dans une filiale...). La partie Europe s'occupe de l'étude et développement dans les domaines de l'entreprise suivants : marketing/commercial, ressources humaines, production, filiales...

En parallèle à ces domaines, il existe une cellule « méthode, support et technologies » composée de 4 personnes chargées de faire respecter les standards de développement internes, de développer des outils d'aide au développement, d'assister les développeurs dans les différents langages de programmation utilisés chez Arc International.

2.4 LES STANDARDS DE DÉVELOPPEMENT INTERNE

2.4.1 L'ARCHITECTURE DU SYSTÈME

Le système de développement chez Arc International est spécifique à l'entreprise. En effet, pour des raisons de sécurité, l'architecture Web-Php est découpée en deux parties bien distinctes :

- **IHM** (Interface Homme / Machine)

- **Métier**

La partie « Métier » se rapporte à tout ce qui concerne les fonctions devant rester invisibles aux utilisateurs. On y trouve principalement les accès aux bases de données de l'entreprise.

La partie « IHM » s'intéresse plutôt à la mise en forme des données générées par la partie Métier, et permet aux utilisateurs de formuler leurs requêtes.

Pour des raisons de sécurité, 2 serveurs Apache sont utilisés dans l'entreprise :

- un serveur qui génère les pages HTML et transmet les requêtes formulées par les clients Web (partie IHM)

- un autre serveur qui reçoit les requêtes et accède aux bases Ingres et Oracle par le biais du PHP pour y répondre (partie Métier)

AI_PHPSERV, un programme écrit en langage C, sert d'intermédiaire entre ces 2 serveurs pour filtrer les requêtes : celles-ci sont envoyées avec une syntaxe spécifique, le filtre vérifie alors la validité de la requête et la transmet au serveur métier, la réponse du serveur au format XML transitera elle aussi par le filtre qui dans ce cas se comportera comme un simple routeur.

Il est à noter que dans le cas d'applications uniquement destinées à l'Intranet de l'entreprise, les parties IHM et Métier peuvent être installées sur le même serveur Apache, la communication IHM-Métier pouvant se faire alors directement.

Cette architecture présente deux points forts :

- une distinction aussi bien théorique que physique des parties IHM et Métier

- l'exposition à l'Internet d'une machine ne comportant qu'un serveur Apache avec un module PHP, les accès aux bases de données de l'entreprise étant alors masquées.

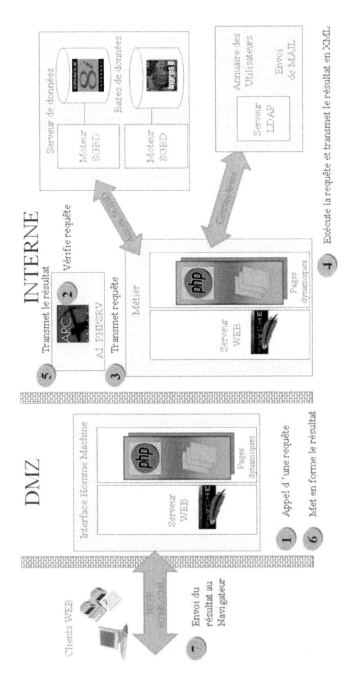

Illustration 2 : Architecture WEB-PHP

2.4.2 MATÉRIELS ET OUTILS INFORMATIQUES

Les données sont stockées dans deux types de systèmes de gestion de base de données relationnelles (SGBDR) différents : Ingres, utilisé en majorité, et Oracle, créé récemment.

Différents langages informatiques sont utilisés chez Arc International et cela pour diverses fonctions. Il faut distinguer deux types de langages :

- ceux utilisés uniquement pour la maintenance des applications existantes,

- ceux utilisés pour le développement de nouvelles applications ou la réécriture d'anciennes applications en un langage plus récent et plus performant.

On recense ainsi :

- SQL (Structured Query Language) : langage permettant d'accéder aux données dans Ingres et Oracle (quelques fonctions diffèrent néanmoins),

- PHP (Personal Home Pages) : langage utilisé pour le développement de nouveaux logiciels et la migration d'anciennes applications. Ce langage offre des solutions pour quasiment tous les besoins et constitue donc un langage plus qu'adapté au développement d'applications chez Arc International. De plus, il est « open source » et gratuit.

Le service « Études et Développement » de la société Arc International développe, à l'aide des langages cités précédemment, des applications utilisées dans tous les autres services (commercial, marketing, fabrication, ...).

Il arrive également que ce service développe ses propres applications, dont certaines sont utilisées pour le développement : on peut citer g002 qui est un programme permettant d'obtenir des informations sur les tables Ingres et Oracle : structure, index, ...

Le développement s'effectue sous Ultra-Edit-32. Éditeur de textes qui remplace parfaitement NotePad, il permet notamment la coloration syntaxique pour faciliter la lecture de code. Il reconnaît de nombreux formats : texte, HTML, PHP, Java, Perl, Javascript, etc... Voici quelques unes des principales fonctions gérées :

- Surlignement des mots-clés recherchés dans le code,

- Plusieurs niveaux de sauvegarde de fichiers / version permettant un retour en arrière,

- Éditeur hexadécimal,

- Ouverture via / Sauvegarde vers un FTP.

Depuis 2000, Arc International a mis en place l'outil BusinessObjects, logiciel de reporting décisionnel (enregistrement de rapports, calcul du chiffres d'affaires, ...).

3 Définition des besoins

3.1 Problématique du sujet

« L'informatique décisionnelle *(ou Business Intelligence)* désigne les moyens, les outils et les méthodes qui permettent de collecter, consolider, modéliser et restituer les données d'une entreprise en vue d'offrir une aide à la décision et de permettre aux responsables de la stratégie d'une entreprise d'avoir une vue d'ensemble de l'activité traitée. » [1]

Depuis 2000, Arc International s'est intéressé à ce nouveau type d'application en faisant l'acquisition de l'outil BusinessObjects (BO, éditeur de logiciels ou progiciels offrant des solutions dans le domaine de l'intelligence économique) qui est à ce jour utilisé par une centaine d'utilisateurs. Néanmoins, malgré la satisfaction envers ce produit, l'entreprise souhaite améliorer davantage sa stratégie en mesurant sa performance pour répondre à diverses questions et prendre les bonnes décisions.

Une étude est réalisée depuis environ un an au sein de la société. Ayant constaté une utilisation élevée de certaines lignes téléphoniques, des indicateurs de performance ont été mis en place afin de recenser la consommation des utilisateurs. Celle-ci étant légèrement plus importante par rapport aux besoins du personnel, une réduction a été demandée et les chiffres ont été affichés afin d'être connus de tous. La consultation publique des résultats a permis aux utilisateurs de se rendre compte de l'importance

---

[1] Source : Wikipédia, « Informatique Décisionnelle »

de chacune de leur communication et une réduction non négligeable a pu être observée. De ce fait, il apparaît qu'une simple visualisation des données peut permettre à une entreprise d'améliorer ses chiffres et de les faire évoluer soit par une simple remise en question de chacun, soit par d'autres solutions qu'il faudra alors trouver.

L'idée de mettre en place des indicateurs de performance pour n'importe quel suivi (chiffre d'affaire du mois, nombre de palette en stock, etc...) est alors apparue. Les indicateurs seraient calculés régulièrement de façon automatique ou manuelle et une restitution graphique pourrait permettre de visualiser rapidement ce qui pose problèmes et ce qui doit être corrigées.

La solution permettant de gérer les indicateurs de performance est l'utilisation d'un tableau de bord, plus connu sous le nom de « Balanced Scorecard ». Cette nouvelle forme de management commence à se développer sur le marché et des produits apparaissent depuis quelques années. Néanmoins, il fallait un produit qui respecte les objectifs et les enjeux de l'entreprise.

Diverses interrogations se sont alors posées :

- Quels produits existent sur le marché ?

- Quel produit faut-il choisir ?

- Quels sont les objectifs et les enjeux d'un tel produit pour Arc

International ?

- Quel est le budget nécessaire ?

3.2 ENJEUX ET OBJECTIFS

Arc International souhaite acquérir un produit qui permet :

- de mesurer sa performance,

- de prendre connaissance de ses données,

- d'améliorer sa stratégie,

- de répondre aux besoins demandés, par exemple :

  o ne pas avoir à recalculer des chiffres déjà calculés précédemment (historisation),

  o pouvoir commenter des points.

Pour cela, les objectifs recherchés sont :

- une solution évolutive : les données peuvent venir de bases de données, de fichiers plats ou divers autres formats. La plate forme doit pouvoir évoluer.

- une solution pérenne : elle doit durer dans le temps.

- le coût de la licence doit regrouper l'ensemble des utilisateurs de l'entreprise (prix global et non une licence par utilisateur).

- une solution qui puisse être proposée aux clients métiers, aux autres services de la société.

- une solution modulaire : chaque métier pourra définir ses propres indicateurs, ses propres fonctions qui seront appelées depuis l'application générale.

4 ÉTUDE DE L'EXISTANT

Afin de trouver un outil adapté aux besoin d'Arc International, une étude de veille technologique a été réalisée. Diverses sociétés offrant des produits sur les tableaux de bord ont été étudiées et certaines d'entre elles sont venues faire une présentation dans les locaux de l'entreprise.

4.1 LES PRODUITS DISPONIBLES SUR LE MARCHÉ

Cinq entreprises proposant une solution similaire à l'application recherchée par Arc International ont fait l'objet d'une étude technologique :

- Cognos – *http://www.cognos.com/fr/index.html*

- 2B Consulting – *http://www.2bconsulting.com*

- BusinessObjects – *http://www.businessobjects.fr*

- Advantys – *http://www.advantys.fr*

- MicroStrategy France – *http://www.microstrategy.fr*

Pour chacune, une petite fiche de présentation[2] regroupant des informations telles que la date de création, l'effectif, le chiffre d'affaire, le lieu du siège social, des informations pour le contact (adresse, téléphone, fax), le site Internet, des caractéristiques diverses et le coût du logiciel a été réalisée. Une description du logiciel a également été ajoutée à la fiche de présentation.

La comparaison de ces descriptions et de ces fiches a permis de sélectionner les sociétés qui semblaient proposer un produit proche de celui recherché par Arc International : MicroStrategy France et Cognos. BusinessObjects (BO), déjà partenaire de l'entreprise depuis 2000, a également été ajouté à la liste des sociétés à contacter pour présenter son produit sur les performances.

La venue de ces entreprises a permis de comparer les divers produits qui existent actuellement sur le marché mais également de renforcer l'idée du développement de l'application par Arc International.

---

2 Cf Annexe 1 : « Fiches de présentation des entreprises sélectionnées »

4.1.1 MicroStrategy France

MicroStrategy France est venu présenter son produit « **MicroStrategy 8 Dynamic Enterprise Dashboards** », plate-forme de Business Intelligence, début Avril dans les locaux de Arc International.

Nous avons tout d'abord assister à la présentation de la société, de ses objectifs et enjeux, de sa position par rapport aux concurrents ainsi que le nom de quelques uns de leurs clients. Ensuite, une présentation et une démonstration de leur produit ont été réalisées dans le but de mieux cerner l'intérêt du logiciel dans l'entreprise.

Depuis 1989, MicroStrategy aide les sociétés à **transformer leurs données opérationnelles en informations pertinentes**. Sa plate-forme de Business Intelligence, « MicroStrategy 8 », offre des solutions métiers répondant à tous leurs besoins de requêtes, de reporting et d'analyse avancée, et distribue ces informations capitales aux utilisateurs via le Web, les interfaces sans fils et vocaux.

Dans la version 8.1 (sortie en 2007), une nouvelle génération de tableaux de bord dynamiques a été introduite. Il s'agit de la solution « MicroStrategy Dynamic Enterprise Dashboards » qui permet de **consulter de façon intuitive** les nombreuses données relatives aux performances d'une entreprise sans jamais quitter le tableau de bord, ce qui permet une **identification rapide et simplifiée des problèmes et de leurs causes**. Comme les concepteurs de tableaux de bord peuvent intégrer des données provenant de diverses sources, chaque tableau contient des indicateurs de performances portant sur plusieurs disciplines et dimensions.

Le logiciel **Flash** permet la création de tableaux de bord autonomes associant interactivité, fonctions de visualisation et données. Ces tableaux peuvent ensuite être transférés sur un ordinateur portable pour être traités (modification, présentation en réunion ou analyse des performances métiers) en toute liberté quelque soit la disponibilité des connexions réseaux.

Les tableaux de bord « MicroStrategy 8 » ont été conçus pour fournir un **impact visuel maximal**, dans un format optimisé pour une lisibilité immédiate. Ils combinent tableaux, graphiques, jauges, cadrans et autres indicateurs graphiques, ainsi qu'un formatage conditionnel, des libellés dont l'unité est libre, des bordures et des couleurs d'arrière-plan.

En ce qui concerne le coût de la licence d'acquisition du produit, il n'a pas été dévoilé et devait être communiqué à Arc International suite à la présentation.

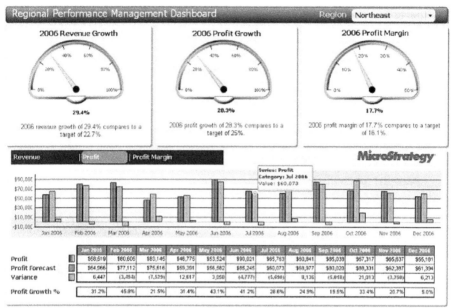

Illustration 3: Exemple de tableau de bord MicroStrategy 8

4.1.2 BusinessObjects

BusinessObjects, partenaire d'Arc International depuis 2000, devait venir dans les locaux début mai pour parler des évolutions de leur produit. Les collaborateurs ont alors profité de leur présence dans l'entreprise pour nous présenter leur produit sur les KPI.

Étant donné que la société était déjà connue d'Arc International, une présentation n'a pas eu lieu d'être. Nous sommes donc entrés immédiatement dans le vif du sujet : les KPI.

BusinessObjects propose un produit promettant d'**améliorer les**

performances en terme de vision claire, d'**agir en toute confiance** et de **visualiser l'activité** : il s'agit de « **Crystal Xcelsius** ».

La dernière version du produit, Xcelsius 2008, est très **facile d'utilisation** car elle nécessite aucun code et aucune programmation donc aucune connaissance poussée en informatique. Le produit est opérationnel et peut suivre le business à tous les niveaux dans l'entreprise (tous les managers du groupe).

La technologie **Flash** permet un accès très **flexible** aux données qui sont **interactives**. Le choix de diagramme est très vaste : graphique barre, camembert, jauge, etc... et une représentation par carte est également possible.

L'application flash générée peut être lue avec un navigateur (Internet Explorer, Mozilla Firefox...), dans office, dans un PDF, dans une présentation Power Point...

Pour l'utilisateur qui crée l'application, une seule contrainte peut être observée : il doit posséder Excel sur sa machine. En effet, Microsoft Office **Excel** sert de **support intermédiaire** entre les données et la représentation graphique de ceux-ci.

Il est également possible de se connecter à des **Web Services** afin de récupérer un fichier XML contenant des données exploitables. Dans ce cas, il faut simplement indiquer l'URL du fichier et celui-ci est automatiquement stocké dans le fichier Excel.

Le produit Xcelsius 2008 offre également la **possibilité de simulation** des données grâce à l'analyse de type « What-If » (simulation). En changeant certaines données, on peut s'apercevoir en temps réel des conséquences que celles-ci peuvent avoir sur la performance de l'entreprise.

Ce produit nécessite une **licence particulière** de BusinessObjects pour avoir accès à l'interactivité. Celle-ci coûte :

- Licence designer : 1200 à 1500 euros par licence,

- Licence utilisateur : 500 euros par personne pour environ 100 utilisateurs.

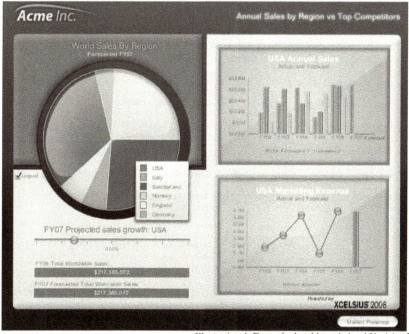

Illustration 4: Exemple de tableau de bord Xcelsius 2008

4.1.3 Cognos

Cognos, leader mondial de la Business Intelligence et de la gestion de la performance, édite des solutions et propose des services permettant aux entreprises de piloter, superviser et comprendre leur performance.

Faute de temps entre les différents collaborateurs, Cognos n'a finalement pas pu être contacté à temps et n'est donc pas venu présenter son produit chez Arc International. Le produit n'a donc pas été pris en compte dans le choix final de la solution mais certaines fonctionnalités ont retenu notre attention.

Cognos Now! est une solution de Business Intelligence dédiée au pilotage opérationnel de la performance proposée sous forme d'offre matérielle et logicielle pré-packagée ou en tant que service hébergé. Avec Cognos Now!, il est possible de suivre en **temps réel** l'évolution des indicateurs de performance que l'utilisateur a défini et de **réagir immédiatement** en cas de dépassement de seuil, le tout sans quasiment solliciter le service informatique et pour un coût total de possession moindre. Les utilisateurs peuvent personnaliser leurs tableaux de bord afin d'afficher les indicateurs propres à leur activité quotidienne. Ils peuvent créer d'autres indicateurs et des alertes ou encore assigner eux-même des tâches, ce qui réduit la charge de travail du service informatique.

Chaque module du produit inclut une licence pour un **nombre illimité d'utilisateurs**, de sources de données et de tableaux de bord, et son prix est fixe. Il s'installe en moins d'une heure et se compose d'un serveur matériel pré-configuré, d'une application analytique et de tous les autres logiciels nécessaires à son exploitation.

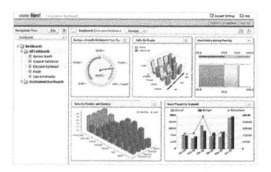

Illustration 5: Exemple de tableau de bord Cognos Now!

4.2 LA SOLUTION CHOISIE

Après analyse des différents produits proposés par les diverses sociétés, on s'est rendu compte que malgré leurs options intéressantes qui étaient proposées, aucun ne correspondait entièrement aux attentes et aux objectifs recherchés par Arc International. De plus, le coût risquait d'être beaucoup trop important pour l'entreprise actuellement en plan de restructuration.

En effet, MicroStrategy proposait plus un produit général sur le business intelligence que sur les KPI. Or, Arc International a déjà l'outil BusinessObjects pour le reporting décisionnel.

Quant à BusinessObjects, le problème est plutôt au niveau financier puisque, malgré l'acquisition de l'outil BusinessObjects, des licences doivent encore être achetées pour pouvoir simplement avoir accès à de l'interactivité.

C'est pour cela qu'après mûre réflexion, il a été décidé qu'Arc International développerait lui-même son application nommée « Key Performance Indicator » (KPI) au service informatique. Elle disposera d'une partie administration, d'un tableau de bord accessible aux utilisateurs (différents selon leurs autorisations), et d'un moteur de calcul automatique des données. Après une phase de test en interne (service informatique), l'application sera vendue aux différents domaines de l'entreprise où beaucoup d'attentes se font déjà ressentir.

4.3 AVANTAGES ET LIMITATIONS DU CHOIX

Le principal avantage d'un tel choix est une entière liberté au niveau de l'ensemble des choix, des souhaits et des contraintes pour l'application. Le cahier des charges sera rédigé afin que l'application soit à l'image de l'objectif recherché. De plus, il sera possible et assez facile de reprendre les sources et d'améliorer le produit autant de fois que désiré.

Un certain avantage financier est également observé. En effet, le développement de l'application ne coûtera rien à Arc International et aucune licence ne devra être achetée. Cela permettra également de pouvoir obtenir la pérennité de la solution puisqu'aucun frais ne devra être déboursé annuellement.

Enfin l'application sera à l'image d'Arc International et pourra respecter la charte graphique afin d'être en adéquation avec les produits déjà développés. Le php étant connu par la plupart des collaborateurs du service informatique, la maintenance sera facile et aucune formation supplémentaire ne sera nécessaire (ce qui l'aurait été dans le cas de l'achat d'un nouveau produit).

Néanmoins, l'application sera limitée au niveau de la convivialité, du visuel et du graphisme, les outils utilisés n'étant pas aussi performants par rapport aux produits présentés (JPGraph est moins convivial que Flash par exemple).

5 LE PROJET « KEY PERFORMANCE INDICATOR » (KPI)

5.1 L'ORGANISATION GÉNÉRALE

La demande de projet a été effectuée dès septembre 2007 par M. Pierre-Marie MOULIERE avec la réalisation d'une brève analyse. En janvier 2008, une note de cadrage a été écrite par M. Ghislain ALEXANDRE et M. Sylvain VELS.

Lors de mon arrivée en stage le 11 février 2008, l'analyse et la note de cadrage m'ont été remises. La lecture de ces documents a permis une première approche du projet. Les modalités et les besoins de l'application ont été définis lors d'une première réunion avec le client.

Aucun programme sur les KPI n'existait avant mon arrivée en stage à Arc International. Il a donc dû être entièrement analysé et développé par la cellule technique du service informatique de la société. Néanmoins, certaines applications possédaient des fonctions ou des fragments de code (des « briques de code ») qui pouvaient être repris pour être intégrés au nouveau programme.

Le projet s'est découpé en 4 phases :

- l'administration des KPI,

- la restitution graphique ainsi que la saisie et la modification des données,

- l'engine (le moteur),

- la page « test » (pour tester les différents métiers appelés par le moteur).

Pour chaque phase, le travail s'est organisé en plusieurs étapes :

- l'analyse (la définition des besoins, la solution proposée, les différentes caractéristiques, les maquettes si présence d'une interface graphique),

- la réalisation d'une fiche de tests unitaires[3] (FTU)

- le développement,

- la réalisation des tests unitaires (à l'aide de la FTU),

- la correction des éventuelles erreurs (phase de débogage).

Des réunions régulières avec le tuteur de stage et le tuteur de

---

3   Élaboration d'une liste de tests pour trouver les éventuelles erreurs – Exemple cf annexe 3

programmation ont été nécessaires pour avancer dans le projet en répondant à diverses interrogations que ce soit au niveau analytique ou au niveau technique. De plus, diverses présentations de l'avancement au client ont permis de ne pas s'éloigner de la demande et de corriger les éventuelles erreurs de compréhension ou de développement.

Un planning de projet a été mis en place très rapidement afin de répartir les différentes phases et ses différentes étapes au mieux selon le temps imparti, c'est-à-dire 25 semaines. Une marge d'une semaine a été prise afin de prévenir d'éventuels retards dans le développement de l'application.

Le planning a été réalisé sous un outil utilisé par tous les collaborateurs de la société et qui fonctionne sous Excel à l'aide de macros. Ce programme est préféré à MS Project car ce dernier n'est pas très pratique pour des petites tâches de quelques jours seulement (moins d'une semaine). Or, nous avions besoin de découper le plus possible les différentes étapes du projet qui pour la plupart nécessitaient moins de 5 jours. (cf annexe 2).

5.2 Rôles et responsabilités des intervenants

Les principaux membres entrant dans l'élaboration de l'application sont :

- o **Monsieur Pierre-Marie MOULIERE** *(commanditaire)*, directeur du service informatique Europe,

- o **Monsieur Sylvain VELS** *(tuteur de stage)*, chef de projet,

- o **Monsieur Ghislain ALEXANDRE** *(tuteur de programmation)*, cellule technique,

- o **Mademoiselle Aurélie ALEXANDRE** *(analyste, développeur)*, étudiante en 2ème année de Master MIASHS Informatique et Document à l'université de Lille 3.

Les bénéficiaires de l'application seront :

- o Arc International, en priorité :

  - ■ Corporate

  - ■ Europe

5.3 Présentation générale de l'application

L'application « Key Performance Indicator » ou KPI va permettre de gérer des indicateurs calculés régulièrement (Chiffre d'affaire du mois, nombre d'incidents, nombre de palettes en stocks pour les semi-finis, les produits finis, etc...) et des indicateurs calculés lors de l'affichage (montant des notes de frais pour un utilisateur...).

Les indicateurs seront créés et gérés par des administrateurs (informaticiens ou non) et seront regroupés au sein de « famille » (Informatique / Financier / Mécanique / ...).

L'application va être présentée plus en détail dans la partie suivante et une série de captures d'écran est disponible en annexe 7.

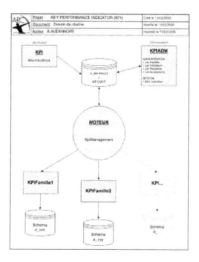

5.4 Conception

5.4.1 L'architecture technique

Les interfaces peuvent s'appuyer principalement sur un mécanisme de fil de l'eau entre les tables INGRES du Système d'information Arc International et les tables interfaces ORACLE.

Ce mécanisme a été réalisé par une application (ou une interface) en PHP. L'application se trouve dans le domaine « Accueil » (*dwwacc* en développement / *wwwacc* en réel) et chaque programme est décrit dans un dossier nommé de la forme « kpi*** » (kpi, kpiadm, kpitest,...).

L'application respecte les normes de développement en PHP définies dans l'architecture de Arc International. Par exemple, les requêtes SQL sont interdites dans l'IHM, elles doivent obligatoirement se situer coté Métier.

Les tables de l'application appartiennent à la base A_KPIPHOT. Un Modèle Conceptuel de Données (MCD) a été mis en place afin de montrer de façon formelle les données qui seront utilisées par l'application. (cf Annexe 5)

Un dessin de chaîne a été réalisé pour visualiser l'architecture technique (cf Annexe 4) :

L'arborescence des fichiers reprend celle définie chez Arc International et se présente comme suit :

```
application
|----    nom du domaine
          |----    nom de l'appli
                    |----    classe
                    |----    fichiers
                    |----    ihm
                    |----    images
                    |----    metier
                    |----    styles
```

Les chemin des applications KPI ont la forme suivante : application/accueil/kpi*** (le dossier « application » se situe à la racine du site Web qui se trouve sous /opt/apachestd/share/sites).

5.4.2 ADMINISTRATION

5.4.2.1 PRÉSENTATION DU BESOIN

Les indicateurs doivent pouvoir être créés, modifiés, paramétrés, autorisés... Il est alors nécessaire de créer une application qui permet facilement de gérer les indicateurs et leur famille ainsi que les autorisations et le template (champ contenant diverses paramétrages).

5.4.2.2 Solution proposée

La solution proposée pour résoudre le besoin a été de développer une application (contenant plusieurs images/pages décrites ci-dessous) dans le domaine « Accueil » puis dans le dossier « kpiadm ». Cette application est nommée « Administration des KPI ».

L'application est accessible via le lien « Administration KPI » situé sur la page du domaine « Accueil ». Après s'être identifié, l'utilisateur a accès au menu lui étant défini (tous les utilisateurs n'ont pas les mêmes droits).

Le menu peut contenir les parties suivantes :

– les **Familles** : Gestion des familles d'indicateurs (création, modification, suppression) ;

– les **Indicateurs** : Gestion des indicateurs ;

– les **Templates** : Gestion des templates (champ à afficher, type de graphique, ...) ;

– les **Autorisations** : Gestion des autorisations sur les familles d'indicateurs

L'application s'inspire de l'administration du WORKFLOW au niveau graphique (même interface) ainsi qu'au niveau des rubriques. Le code source a pu être repris et modifié en fonction des besoins.

5.4.2.3 CARACTÉRISTIQUES COMPLÉMENTAIRES

o **Les profils utilisateurs**

Il existe 3 profils utilisateurs différents :

- <u>le super administrateur</u> : il a le droit de tout faire (gérer les familles, les indicateurs, les templates et les autorisations),

- <u>l'administrateur (d'une famille)</u> : il a le droit de gérer les indicateurs, les templates et les autorisations pour la ou les familles dont il est l'administrateur (c'est le super administrateur qui défini le ou les administrateurs des familles dans les autorisations)

- <u>l'utilisateur « normal »</u> : ne peut rien faire tant qu'un administrateur ne lui a pas donnée les droits d'administration d'une famille.

Selon son profil, un utilisateur verra le menu qui lui est attribué. Par exemple, seul le super administrateur verra le lien « Les Familles » dans son menu puisqu'il est le seul à pouvoir les gérer.

En revanche, ce profil n'a aucun rapport avec le niveau d'autorisation et les autorisations sur une famille ou un indicateur. Il n'est valable que pour la partie administration.

o Type de la famille et niveau de confidentialité

Une famille peut être de type privé (réservée à certaines personnes explicitement nommées dans les autorisations) ou public (visible par tous les utilisateurs).

Quelque soit le type de la famille, tous les indicateurs ont un niveau de confidentialité (allant de 0 à 5) et l'utilisateur doit avoir un niveau au moins égal à l'indicateur pour le visualiser.

La gestion des autorisations se fait au niveau de la famille et le niveau de confidentialité de l'indicateur permet un filtrage plus important.

    o Les Templates

« Un template est un anglicisme utilisé en informatique pour désigner un modèle de conception de logiciel ou de présentation des données (...) [C']est un moyen de séparer le fond (le contenu informationnel) de la forme (la manière dont il est présenté) ».[4]

Le template permet le paramétrage de l'indicateur qui est stocké dans un BLOB[5]. On peut, par exemple, y stocker le type du graphique de l'indicateur, le nombre de points à prendre en compte pour calculer la tendance, le nombre de données à afficher sur le graphique etc...

    o Les types d'indicateurs

Il existe 3 types d'indicateurs :

   – l'indicateur « <u>normal</u> » : une valeur par date de référence ; le cas le plus fréquent.

---

4 Source : Wikipédia, « Template »
5 Le type BLOB, ou Binary Large Object, est un type de donnée permettant le stockage de données binaires dans le champ d'une table d'une base de données. Source : Wikipédia, « BLOB »

- l'indicateur « segmenté » : plusieurs valeurs par date de référence, toujours les mêmes segments par date (par ex : Europe, USA, Chine).

- l'indicateur « détaillé » : plusieurs valeurs possibles par date de référence mais les segments ne sont pas forcément toujours les mêmes.

Le choix du type se fait dans la gestion des indicateurs, en sélectionnant un des boutons suivants (un seul des trois boutons peut être sélectionné) :

- « Normal »,

- « Détaillé »,

- « Segmenté ». Dans ce cas, le nombre de segments doit être renseigné et un popup demandant le nom des codes des segments s'ouvre.

o États d'un indicateur

Pendant sa durée de vie, un indicateur passe par 3 états possibles :

- « En cours » : un indicateur en cours de création, qui n'a pas encore été calculé.

- « Valide » : un indicateur qui est créé et qui peut être calculé.

– « Archivé » : un indicateur dont la durée de vie a été atteinte et qui ne sera donc plus calculé.

Les états peuvent être modifiés manuellement dans la gestion des indicateurs ou automatiquement par un calcul (si la durée de vie a été atteinte alors l'indicateur passe en mode archivé).

    o Couleur d'un indicateur

La notion de couleur indique la criticité de l'indicateur. Comme un feu tricolore, un indicateur peut être :

– vert : tout va bien,

– orange : attention on se rapproche de l'état critique,

– rouge : on est dans l'état critique.

La couleur se calcule en fonction des seuils définis dans la gestion d'un indicateur. En effet, pour chaque couleur, une valeur minimale et une valeur maximale peuvent être données. Il se peut qu'une ou plusieurs couleurs n'aient aucune valeur minimale et maximale. En revanche, pour une couleur, si la valeur maximale est définie, il faut obligatoirement définir la valeur minimale, et inverse. Si aucun seuil n'est défini alors l'indicateur est toujours vert.

Il est également possible d'utiliser les valeurs « infini positif » (+ l'infini) et « infini négatif » (- l'infini). Pour se faire, les signes + et – sont acceptés dans les champs de saisie des seuils et sont compris par l'application comme étant des valeurs infiniment grandes ou infiniment petites.

5.4.3 TABLEAU DE BORD (RESTITUTION GRAPHIQUE)

5.4.3.1 PRÉSENTATION DU BESOIN

Les données des indicateurs doivent pouvoir être restituées de façon graphique dans le but de les visualiser rapidement et facilement. La restitution doit être la plus générique possible.

De plus, un utilisateur ayant des droits de saisie (création) ou de modification doit pouvoir, via le tableau de bord, saisir ou modifier des données sans devoir passer par l'administration des KPI.

5.4.3.2 SOLUTION PROPOSÉE

La solution proposée pour résoudre le besoin a été de développer une application dans le domaine « Accueil » puis dans le dossier « kpi ». Cette application est nommée « Mes Indicateurs ».

L'application est accessible directement via l'Intranet. Aucune identification n'est nécessaire, les informations de l'utilisateur sont récupérées automatiquement grâce à son login connu de l'Intranet. De ce fait, chaque utilisateur peut visualiser directement les indicateurs auxquels il est abonné et ceux dont il a le droit de visualisation.

Le tableau de bord s'inspire de l'application « Mon Compte Informatique » également présent dans le portail Intranet. Le code source a pu être repris et modifié en fonction des besoins.

Chaque page se décompose en deux parties distinctes :

- la « bannière » (ou « header ») : contient le titre de l'application, le login et le nom de l'utilisateur puis le menu de l'application. Cette partie reste identique pour toutes les pages du tableau de bord.

- le « contenu » : affiche le contenu de la page.

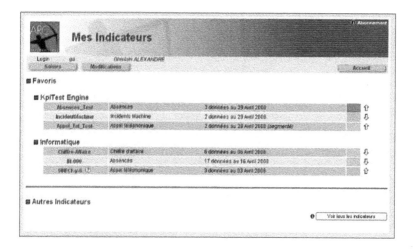

Le menu contient 4 utilisations possibles :

- l'affichage des indicateurs favoris et non favoris (bouton « Accueil »),

- la saisie de valeurs (bouton « Saisies »),

- la modification de valeurs (bouton « Modifications »),

- l'abonnement aux indicateurs et aux mails Orange / Rouge (lien « Abonnements »).

Les boutons « Saisies » et « Modifications » ne sont affichés que si l'utilisateur a au moins un indicateur en écriture (pour le bouton « Saisies ») et un indicateur en modification (pour le bouton « Modifications »).

5.4.3.3 CARACTÉRISTIQUES COMPLÉMENTAIRES

o **Visualisation des indicateurs selon les autorisations**

Tous les utilisateurs ne peuvent pas visualiser l'ensemble des indicateurs de chaque famille. Grâce aux types « public » et « privée » de la famille et au niveau d'autorisation de l'indicateur, il est possible d'obtenir différentes configurations :

- une **famille** est **publique** :

  - l'indicateur a le niveau 0 : tout le monde peut voir ses données,

  - l'indicateur a un niveau > 0 : seuls les utilisateurs ayant un niveau (pour la famille) supérieur ou égal à celui de l'indicateur peuvent voir les données.

- une **famille** est **privée** :

  - l'indicateur a le niveau 0 : tous les utilisateurs autorisés (pour la famille) peuvent voir les données,

  - l'indicateur a un niveau > 0 : seuls les utilisateurs autorisés ayant un niveau (pour la famille) supérieur ou égal à celui de l'indicateur peuvent voir les données.

Le tableau ci-après permet de récapituler et de mieux comprendre les différentes configurations qui peuvent exister.

Famille	Indicateur (niveau)	Utilisateur			
		Pas d'autorisation	F1 niveau = 0	F1 niveau = 2	F2 niveau = 2
F1 Privée	0		👁	👁	
	1			👁	
F1 Publique	0	👁	👁	👁	👁
	1			👁	
F2 Privée	2				👁

- ### L'affichage des indicateurs

L'affichage des indicateurs se fait dans la page d'accueil de l'application et ceux-ci sont regroupés par type d'indicateurs (favoris ou non) puis par famille. Chacune de ces familles constitue un « bloc » que l'on peut afficher ou cacher à l'aide d'un simple clic sur l'icône ➕ ou ➖.

Deux types d'indicateurs existent : les indicateurs favoris et les autres indicateurs. Ils sont regroupés dans deux blocs distincts : les « Favoris » et les « Autres Indicateurs ». A l'ouverture de la page d'accueil, tous les favoris sont affichés dans la partie haute de la page alors que les autres indicateurs sont affichés en dessous. Le bloc « Favoris » est déplié tandis que le bloc « Autres indicateurs » est caché.

Cela permet à l'utilisateur d'avoir une vision rapide sur les indicateurs qu'il souhaite voir prioritairement mais aussi d'avoir accès aux autres indicateurs, s'il en a envie, de façon rapide et simple.

Affichage lors de l'ouverture de la page :

Favoris				
KpiTest Engine				
Absences_Test	Absences	3 données au 29 Avril 2008		⇧
IncidentMachine	Incidents Machine	2 données au 29 Avril 2008		⇩
Appel_Tel_Test	Appel téléphonique	2 données au 28 Avril 2008 *(segmenté)*		⇧
Informatique				
Chiffre-Affaire	Chiffre d'affaire	6 données au 06 Avril 2008		⇩
IN-000	Absences	17 données au 16 Avril 2008		⇩
5BNFCF-y-6 [?]	Appel téléphonique	3 données au 03 Avril 2008		⇧

Autres Indicateurs

Clic sur l'icône ▬ de la famille KpiTestEngine et sur l'icône ➕

du bloc Autres Indicateurs :

Favoris				
KpiTest Engine				
Informatique				
Chiffre-Affaire	Chiffre d'affaire	6 données au 06 Avril 2008		⇩
IN-000	Absences	17 données au 16 Avril 2008		⇩
5BNFCF-y-6 [?]	Appel téléphonique	3 données au 03 Avril 2008		⇧

Autres Indicateurs

Informatique

mécanique

Contrôle de gestion

Clic sur l'icône ▬ du bloc Favoris et sur l'icône ✚

la famille Informatique (Autres Indicateurs) :

⊞ **Favoris**				
▬ **Autres Indicateurs**				
▬ **Informatique**				
rrr	Nb de transferts	6 données au 22 Mars 2008		⇧
NB_Incident	Nb incidents machine	4 données au 08 Avril 2008		⇩
Nb_demande	Nb demandes métiers	4 données au 08 Avril 2008		⇧
⊞ **mécanique**				
⊞ **Contrôle de gestion**				

Une famille peut apparaître dans les deux blocs si elle possède des indicateurs favoris et des autres indicateurs. Dans ce cas, le fait de cacher ou d'afficher la famille dans un des deux blocs n'influe pas sur l'affichage de la famille dans l'autre bloc. De plus, une famille qui n'a aucun indicateur visible n'est pas affichée dans la page.

o **Détermination du type d'indicateurs**

Comme indiqué précédemment 2 types d'indicateurs existent :

- les **favoris** : ce sont ceux qui sont visibles par l'utilisateur (selon le tableau de visualisation ci-précédent) et auxquels celui-ci est abonné,

- les **autres indicateurs** : ce sont ceux qui sont visibles par l'utilisateur et auxquels celui-ci n'est pas abonné.

Les indicateurs qui ne sont pas visibles par l'utilisateur ne sont pas affichés du tout dans le tableau de bord.

    o Abonnements

Il existe deux types d'abonnements :

- l'abonnement aux indicateurs,

- l'abonnement au mail Orange et / ou au mail Rouge pour une famille d'indicateurs.

L'abonnement aux indicateurs permet de gérer l'affichage en mode favoris ou non de ceux-ci. Dans l'administration, lorsqu'un administrateur donne l'autorisation d'une famille à un utilisateur alors tous les indicateurs de cette famille deviennent automatiquement favoris pour cet utilisateur.

Néanmoins, l'utilisateur peut ne pas vouloir être abonné à tous les indicateurs d'une famille. De ce fait, il peut choisir grâce à la page Abonnement du tableau de bord de se désabonner et l'indicateur n'est plus favori. De même, un indicateur qui ne serait pas automatiquement favori (cas des indicateurs publics de niveau 0, sans autorisation pour l'utilisateur) peut le devenir si l'utilisateur fait ce choix.

L'abonnement aux indicateurs peut se créer ou se supprimer automatiquement selon divers cas de configuration :

- <u>si une autorisation est</u> :

- <u>créée</u> : on crée un abonnement à chaque indicateur de la famille autorisé pour le nouvel utilisateur.

- <u>supprimée</u> : on supprime tous les abonnements aux indicateurs de la famille qu'avaient l'utilisateur.

- modifiée (notamment le niveau d'autorisation) :

  o on supprime les abonnements qui ne sont plus autorisés (niveau de l'utilisateur $<$ au niveau de l'indicateur).

  o on crée un abonnement à chaque nouvel indicateur autorisé pour l'utilisateur (niveau de l'utilisateur $>$ ou $=$ au niveau de l'indicateur).

- <u>si un indicateur est</u> :

- <u>créé</u> : on crée un abonnement à chaque utilisateur autorisé pour le nouvel indicateur.

- <u>supprimé</u> : on supprime tous les abonnements que les utilisateurs avaient pour cet indicateur.

- <u>modifié (notamment son niveau d'autorisation)</u> :

o on supprime les abonnements qui ne sont plus autorisés (niveau de l'utilisateur < au niveau de l'indicateur).

o on crée un abonnement à chaque nouvel utilisateur autorisé pour l'indicateur (niveau de l'utilisateur > ou = au niveau de l'indicateur).

L'abonnement au mail Orange et / ou Rouge permet, quant à lui, à l'utilisateur abonné de recevoir un mail lorsque la couleur de l'indicateur passe en zone Orange ou en zone Rouge. Cet abonnement ne se gère qu'au niveau de la famille et ne peut pas être propre à chaque indicateur. Soit l'administrateur donne l'abonnement à l'utilisateur lors de la création de l'autorisation, soit l'utilisateur s'abonne lui-même grâce à la page abonnement.

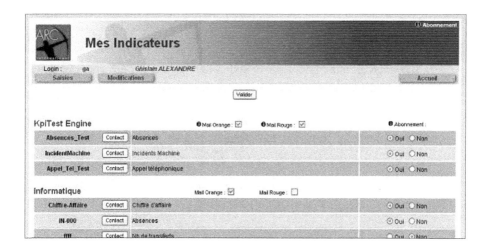

o **Affichage du graphique (JPGraph)**

L'utilisateur peut accéder au graphique (données visuelles) de l'indicateur en cliquant sur son mnémonique en page d'accueil. Un pop-up contenant le nom de l'indicateur, un commentaire (facultatif) et le graphique s'affiche alors à l'écran. Le détail des données s'affichent également sous le graphique. S'il s'agit d'un indicateur détaillé ou segmenté, il est possible d'afficher le graphique détaillé d'une date en cliquant sur une petite icône. La couleur des barres et le nombre de données affichées sur le graphique sont variables et paramétrables dans le template de l'indicateur. Cela permet de ne pas avoir trop de données présentes sur le graphique pour une meilleure visualisation. Des flèches (gauche et droite) permettent de balayer l'ensemble des données.

Le graphique est une image générée dynamiquement grâce à JPGraph.

JPGraph est une librairie Open Source servant à tracer des graphiques en PHP. Le principal avantage de JPGraph est sa simplicité, il a été conçu de façon à réduire au maximum la partie complexe de la programmation : il permet de tracer un graphique en quelques minutes avec un minimum de code. Cet avantage a été confirmé lors du développement du pop-up qui contient très peu de codes php mais qui peut créé des graphiques différents les uns des autres selon les données de l'indicateur.

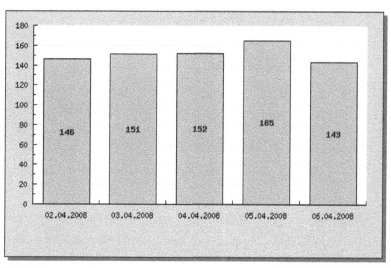

Détail des données

Date	Valeur	Commentaire
02.04.2008 00:00:00	146	-
03.04.2008 00:00:00	151	un petit commentaire ici !!!
04.04.2008 00:00:00	152	-
05.04.2008 00:00:00	165	et un là !!!
06.04.2008 00:00:00	143	-

JPGraph propose énormément de caractéristiques :

- type de graphiques (line-plots, bar plots, 2D and 3D pie charts ou camemberts, etc ...),

- formats d'images (png, gif, jpg),

- graduations flexibles et graduations entières,

- image de fond et différentes options de formatages,

- génération automatique de légendes,

- grilles verticales et horizontales,

- Et de nombreuses autres options ...

La librairie JPGraph est certainement l'une des meilleures solutions pour tracer des graphiques très facilement. Ce puissant outil est très utilisé dans le monde professionnel où les graphiques sont significatifs. De plus il est entièrement gratuit ce qui est un atout respectants les objectifs fixés. C'est donc pour cela que JPGraph a été la 1ère solution retenue.

Néanmoins, d'autres solutions graphiques telles que l'utilisation du flash pourront être envisagées par la suite, le stockage des données ayant été adapté de telle sorte que n'importe quelle solution puisse fonctionner.

o **Fichier d'aide d'un indicateur**

Chaque indicateur peut être associé à un fichier d'aide qui permet à l'utilisateur d'obtenir des informations sur la façon dont il calculé. Le fichier peut être de type image, fichier doc, pdf, etc ...

Le stockage et la suppression de l'aide ne peut se faire que dans l'administration des KPI, dans la page permettant de créer, modifier ou supprimer un indicateur. La visualisation du fichier peut, quant à elle, se faire dans l'administration et dans le tableau de bord sur un simple clic sur l'icône ⑦ située à coté du mnémonique.

Le code du stockage, de la suppression et de la visualisation du fichier d'aide ont été en grande partie repris dans la GED[6] d'Arc International et adapté en fonction des besoins de l'application. La reprise de cette « brique » a permis un gain de temps important mais aussi un fonctionnement sûr de cette partie de l'application (très peu de tests ont été nécessaires).

o **Saisie / Modification des valeurs**

Il est possible que, suite à un problème quelconque (panne de réseau, arrêt du serveur durant quelques heures, etc...), certaines données ne se soient pas enregistrées ou soient erronées. Il était alors nécessaire de donner la possibilité aux utilisateurs de pouvoir saisir les données non enregistrées ou de modifier les données erronées.

La saisie consiste à créer de nouvelles données (et non à modifier une donnée existante) alors que la modification ne permet que de modifier les données déjà existantes (impossible de créer de nouvelles données).

Un utilisateur peut avoir deux types de droits distincts (gérés par

---

6 Gestion Électronique de Documents

l'application d'administration) :

– le droit de créer des valeurs (saisie),

– le droit de modifier des valeurs (modification).

Ces deux droits sont entièrement indépendants l'un de l'autre et il est possible qu'un utilisateur puisse saisir sans pouvoir modifier, et inverse. Cela permet de limiter l'accès aux données et permet plus de sécurité.

o **La tendance d'un indicateur**

La notion de tendance permet d'avoir un aperçu rapide de la direction vers laquelle se penche l'indicateur. La tendance peut être :

– Stable : les valeurs sont sensiblement identiques,

– Positive : les valeurs augmentent,

– Négative : les valeurs diminuent.

Lorsque les valeurs suivent toutes la même direction (toutes croissantes, toutes décroissantes ou toutes stables), le calcul de la tendance n'est pas difficile.

Plusieurs interrogations se sont posées lorsqu'il a fallu gérer la tendance d'un indicateur où les données n'allaient pas toujours dans la même direction (la majorité des cas) :

- Quelle méthode de calcul faut-il utiliser pour trouver la tendance ? Quelle est la meilleure? celle pour laquelle le résultat sera le plus pertinent ?

- Sur combien de valeurs calcule-t-on la tendance ?

Diverses méthodes de calcul ont été testées :

- la moyenne : somme des valeurs que l'on divise par le nombre de valeurs prises en compte,

- la médiane : la valeur qui permet de partager une série de valeurs en deux parties de même nombre d'éléments,

- la régression linéaire : on calcule la valeur du coefficient directeur de la droite qui passe au plus près de tous les points.

Afin de tester les méthodes de calcul, les 3 dernières valeurs des indicateurs ont été retenues. Cette valeur est stockée dans le blob du template et peut être changée facilement.

La méthode la plus pertinente est la régression linéaire qui permet d'obtenir un résultat cohérent par rapport aux valeurs du graphique.

Les sources d'une régression linéaire déjà développée en PHP (sous forme d'une classe) ont été fournies par Sylvain VELS. Cette classe a été adaptée en fonction des besoins de l'application et retourne :

- « P » (Positif) si le coefficient de la droite est > 0,

- « N » (Négatif) si le coefficient de la droite est < 0,

- « S » (Stable) dans les autres cas (coefficient de la droite = 0).

5.4.4 L'ENGINE (MOTEUR)

5.4.4.1 PRÉSENTATION DU BESOIN

Certains indicateurs doivent pouvoir être calculés automatiquement et régulièrement (toutes les heures ou une fois par jour) sans qu'un utilisateur ne soit obligé de le lancer constamment.

Il est alors nécessaire de créer un batch[7] ou moteur qui se lance automatiquement. Celui-ci se chargera également d'envoyer les mails d'alerte (Orange et/ou Rouge) aux utilisateurs souhaitant être avertis.

5.4.4.2 SOLUTION PROPOSÉE

La solution proposée pour résoudre le besoin a été de développer un batch dans le domaine « Accueil » puis dans le dossier « kpi ».

---

7 Traitements par lot *(Batch)* : enchaînement automatique de commandes sans intervention d'un opérateur. Source : Wikipédia.

Le fichier batch nommé « KpiManagement.php » a été développé en PHP et placé dans le dossier « kpi/metier ». Ce fichier contient une boucle qui permet de lancer automatique le calcul des indicateurs quand il le faut. Néanmoins, afin de pouvoir tester le moteur lors du développement, une page « KpiManagementTest.php » a été placée dans le même dossier. Elle contient le même code que le fichier batch mise à part que la boucle n'existe pas.

L'engine s'appuie sur le batch du WORKFLOW, le code source a donc pu être repris et modifié en fonction des besoins.

Aucun fichier IHM n'a dû être développé car il n'y a aucune interface graphique pour le moteur.

L'engine sert à appeler, à une fréquence donnée selon la valeur indiquée (H : toutes les heures, J : une fois par jour après 0h00), le métier de l'indicateur si et seulement si celui-ci est à l'état **Valide**, **Automatique** mais **non Dynamique**.

5.4.4.3 CARACTÉRISTIQUES COMPLÉMENTAIRES

o **L'organigramme de l'engine**

Cette partie de l'application étant un peu plus difficile à développer, un organigramme a été réalisé avant le développement. Celui-ci a été modifié jusqu'à ce qu'il soit validé. La réalisation de cet organigramme a permis, lors du développement, de gagner du temps et de mieux comprendre les différentes étapes à écrire. L'organigramme est disponible en annexe 6.

- o **Description des arguments d'appel et des variables**

Les arguments d'appels à passer à l'engine lors de son lancement sont :

- le nom du serveur,

- la boucle de traitement en minutes,

- la gestion d'une trace ('debug' pour activer la trace).

L'ordre de passage des arguments est très important et doit être respecté.

Chaque indicateur est associé à une application, un métier (appartenant à l'application) et une fonction (appartenant au métier).

Le métier et les fonctions de celui-ci sont développés en interne dans chaque famille par un développeur. Par exemple, une personne de la finance sera chargée de développer le métier de la famille Finance.

De ce fait, les développeurs de chaque famille doivent respecter les noms de variables passées en paramètre ainsi que les noms des variables renvoyées par la fonction afin que l'engine puisse les traiter.

L'engine passe à la fonction métier les paramètres suivants :

- la date et l'heure actuelle,

- la date et l'heure du dernier calcul effectué pour l'indicateur.

Le métier de l'indicateur a à sa charge de calculer, si besoin, la liste des valeurs et de les renvoyer sous forme d'un tableau. Il renvoie également un paramètre indiquant que le métier a bien fonctionné ou non.

Enfin, si l'indicateur est segmenté ou détaillé, il renvoie un tableau contenant toutes les valeurs des segments.

Les tableaux renvoyés doivent impérativement respecter la structure que l'engine souhaite recevoir c'est-à-dire :

- pour chaque ligne du tableau des données :

  • un champ pour la date de la valeur de la donnée,

  • un champ pour la date de la donnée.

- pour chaque ligne du tableau des segments :

- un champ pour la date de la valeur du segment,

- un champ pour le code du segment,

- un champ pour la valeur du segment.

Si le développeur ne respecte pas ces caractéristiques alors il sera impossible à l'engine d'enregistrer les nouvelles données et les nouveaux segments s'il y en a.

Voici un petit schéma permettant de visualiser rapidement l'appel des métiers par l'engine :

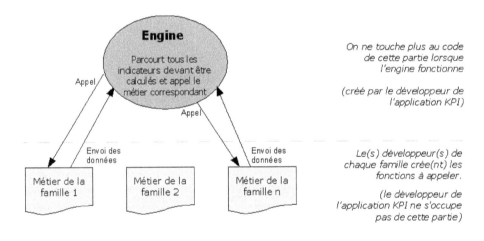

o **<u>Gestion des erreurs</u>**

Il est possible que le métier comporte des erreurs. L'engine se charge de réaliser les différents contrôles et d'indiquer les éventuelles erreurs décelées.

Les différents contrôles à effectuer sont :

– une date ne doit figurer qu'une seule et unique fois dans les données renvoyées,

– le nom des segments renvoyés doivent correspondre à ceux définis pour l'indicateur (pour un indicateur segmenté),

– la somme des segments pour une date de référence doit être égale à la valeur de la donnée.

Si aucune erreur n'est décelée, l'engine peut enregistrer les segments (si nécessaire), les données puis calculer la couleur et la tendance de l'indicateur. L'état de l'indicateur peut également être calculé. En effet, si un indicateur a atteint sa durée de vie, il est archivé, n'est plus calculé et n'est plus affiché dans le tableau de bord.

o **Gestion des mails**

Lorsque le traitement des indicateurs a été réalisé, l'engine se charge d'envoyer les mails Orange et / ou Rouge des utilisateurs qui se sont abonnés.

L'envoi des mails se fait en dernier, lorsque tous les indicateurs ont été mis à jour. Cela permet à un utilisateur qui a plusieurs indicateurs en alerte de ne recevoir qu'un seul mail regroupant toutes les indicateurs passés en zone orange ou rouge.

Le corps du mail envoyé a la forme suivante :

```
Bonjour,
Voici les indicateurs qui ont changé de zone d'alerte.

Indicateur(s) dans le ROUGE :
    - Absences (74), KpiTest Engine
    - Nb Incidents (75), KpiTest Engine

Indicateur(s) dans le ORANGE :
    - Appel Telephonique (76), KpiTest Engine

Pour tout renseignement complémentaire, veuillez contacter l'administrateur.
```

Pour chaque indicateur, on indique :

- son libellé,

- son identifiant entre parenthèse,

- sa famille.

L'utilisateur peut alors retrouver facilement quel indicateur est en alerte.

5.4.5 LA PAGE DE TEST

5.4.5.1 PRÉSENTATION DU BESOIN

Les fonctions métiers créées dans chaque famille doivent pouvoir être testées pour vérifier qu'elles fonctionnent correctement et qu'elles renvoient les bonnes données souhaitées.

5.4.5.2 SOLUTION PROPOSÉE

La solution proposée pour résoudre le besoin a été de développer une page de test dans le domaine « Accueil » puis dans le dossier « kpitest ».

Afin de tester une fonction, l'utilisateur doit indiquer :

- l'identifiant de l'indicateur,

- le nom de l'application (nom du dossier),

- le nom du serveur (nom du fichier métier *_srv,php),

- le nom de la fonction,

- la date et l'heure de dernier calcul de cet indicateur,

- la date et l'heure actuelle.

Ensuite, la page se charge d'appeler la fonction métier et de récupérer les paramètres de sortie c'est-à-dire :

- les données

- les segments (s'il y en a),

- la variable OK.

La page est accessible directement par son adresse et aucune identification n'est nécessaire. La page de test est très simple et s'inspire de celle du WORKFLOW. Le code source a pu être repris et modifié en fonction des besoins.

Coté IHM, l'aspect graphique est proche de celui de l'administration des KPI mis à part qu'il n'y a aucun menu. Seule la partie de droite est présente.

Tester votre métier

[Lancer]

Indicateur (id) : 79

Application : kpitest

Serveur : Test

Fonction : indicsvsegmente

Date de dernier calcul : 13.06.2008 00:00:00

Date actuelle : 20.06.2008 15:44:00

Résultat de votre test

[Retour]

Les données

2008-05-20 07:00:00	37

Les segments

2008-05-20 07:00:00

test1	12
test2	13
test3	12

Total des segments par date

2008-05-20 07:00:00	37

Erreurs trouvées

Aucune erreur trouvée

5.4.5.3 CARACTÉRISTIQUES COMPLÉMENTAIRES

La page de test gère les éventuelles erreurs dans :

– les paramètres d'entrées :

- erreur dans l'un des paramètres : la fonction, l'application, le serveur ou la date de dernier calcul ne correspondent pas à ceux de l'indicateur,

- la date actuelle n'est pas correcte.

– les paramètres de sortie :

- erreur dans le nom d'un ou de plusieurs paramètres à retourner,

- variable OK non retournée,

- s'il y a des segments :

  o nombre de segments retourné différent de celui de l'indicateur,

  o codes des segments retournés différents de ceux de l'indicateur,

  o somme des segments différente de la valeur de la donnée pour une date de référence.

6 CONCLUSION

6.1 BILAN DU DÉVELOPPEMENT

Au terme de ces vingts semaines de stage, les objectifs fixés ont été en partie atteints. L'application fonctionne correctement et est plutôt facile d'utilisation. Le cahier des charges a été respecté et de nouvelles fonctionnalités sont apparues durant le développement.

Le planning prévisionnel a été pris en compte et les délais imposés n'ont pas été dépassés.

La page du template doit encore être développée pendant deux semaines ce qui permettra de tester l'application en « développement » avant sa mise en production durant la semaine 30 (du 21 au 25 juillet 2008).

Le résultat s'avère donc positif et le travail effectué servira à l'avenir dans d'autres contextes.

6.2 PERSPECTIVES D'ÉVOLUTION

Il est pour l'instant prématuré de s'exprimer sur l'évolution de l'application. Une fois la conception terminée dans son ensemble, l'application deviendra opérationnelle. Elle sera tout d'abord testée dans le service informatique à l'aide d'indicateurs « bêta » avant d'être proposée dans les différents domaines de la société Arc International.

L'application sera, sans aucun doute, amenée à évoluer au fil du temps. En effet, de nouvelles fonctionnalités pourront être développées par la suite grâce à la performance du langage utilisé. La séparation entre le fond (le contenu informationnel) et la forme (l'apparence graphique) permet de modifier facilement l'application. La façon dont les données sont stockées facilite le changement de langage graphique sans aucune grande difficulté majeure. On peut, par exemple, penser à l'utilisation du Flash pour remplacer le JPGraph.

Afin de faciliter la modification, l'ajout de fonctionnalité ou la rectification d'une erreur dont on ne se serait pas aperçue durant les phases de test, le code a été commenté et une analyse détaillée de l'application a été écrite.

6.3 APPORTS PERSONNELS

Ayant déjà effectué mon stage de Master 1 à Arc International, je savais qu'un stage de 25 semaines dans le service informatique serait de nouveau une expérience très enrichissante.

En effet, ayant déjà connaissance des standards de développement de l'entreprise, j'ai pu me consacrer entièrement à l'application dès mon arrivée. Au sein d'une équipe de 4 personnes et sous la houlette d'un chef de projet, j'ai pu participer à toutes les étapes que ce soit l'analyse, la conception, la réalisation, le débogage et la mise en production (fin juillet) de l'application. De plus, j'ai eu la possibilité de donner mon point de vue et de proposer de nouvelles idées dont certaines ont été conservées (nouvelles fonctionnalités, aspect graphique) ce qui est, pour moi, une grande satisfaction.

Enfin, ce stage dans le service informatique d'une si grande entreprise permet, en plus des aspects positifs au niveau informatique et de gestion de projet, de développer des contacts avec des personnes insérées en contexte professionnel depuis plusieurs années et donc de profiter de leur expérience. Cela m'a donné une première vision de ce que serait mon futur métier.

Ce stage m'a conforté dans la voie que j'ai choisi il y a 5 ans : l'informatique. Chaque application, développée et utilisée, représente une grande satisfaction personnelle. C'est une chance de pouvoir exercer un métier aussi passionnant et évolutif où la communication est privilégiée. Je me sens prête à rentrer dans la vie active grâce à mon expérience acquise à Arc International et à la manière donc j'ai été intégré par les personnes du service. C'est pour cela que je veux à nouveau remercier toutes les personnes avec qui j'ai pu travailler et qui m'ont accordé leur confiance durant mon stage.

ANNEXES

ANNEXE 1 : FICHES DE PRÉSENTATION DES ENTREPRISES SÉLECTIONNÉES

Voici les fiches (des entreprises sélectionnées) réalisées lors de la recherche sur les produits disponibles sur le marché en matière de tableau de bord.

o **MicroStrategy France**

Date de création	1997 (en France, 1989 aux États-Unis)
Effectif	De 21 à 50 personnes
CA brut (2006)	De 5 à 10 millions d'euros
Capital actions émis	30 000 euros
Forme Juridique	S.A.R.L
Siège social	Paris (pour la France)
Contact	MicroStrategy France 55, Avenue Kleber 16 75 116 Paris 16 FRANCE +33 1 47 55 56 00 *(Téléphone)* +33 1 47 55 56 66 *(Fax)*
Site Internet	*http://www.microstrategy.fr*
Caractéristiques diverses	- « Best in Business Intelligence », - « MicroStrategy 8 », plate-forme de Business Intelligence, - « MicroStrategy Dynamic Enterprise Dashboards », nouvelle génération de tableaux de bord dynamiques.

○ **BusinessObjects**

Date de création	1990
Effectif	200 (à Paris), 1000 dans l'entreprise
Capital actions émis	6 192 847 euros
Forme Juridique	Société Anonyme
Siège Social	Paris (pour la France)
Contact	157 – 159, rue Anatole France 92 300 Levallois-Perret FRANCE +33 1 41 25 21 21 *(Téléphone)* +33 1 41 25 21 20 *(Fax)*
Site Internet	*http://www.businessobjects.fr*
Caractéristiques diverses	- Leader du marché des logiciels de Business Intelligence - 46 000 clients dans 80 pays, - « Crystal Xcelsius », logiciel de tableau de bord
Coût du logiciel	- Licence designer : 1200 à 1500 € par licence, - Licence utilisateur : 500 € par personne (sur une base d'environ 100 utilisateurs).

○ **Cognos**

Date de création	1969
Effectif	3000 partenaires
CA au 28 février 2007	979.3 millions de dollars US
Siège Social	Ottawa (Canada)
Contact	Cognos France SAS Tour Pacific 11, Cours Valmy 92 977 Paris La Défense 7 +(33) 1 56 37 52 00 *(Téléphone)* +(33) 1 56 37 53 00 *(Fax)*
Site Internet	*http://www.cognos.com/fr/index.html*
Caractéristiques diverses	- 23 000 clients dans 135 pays, - Cognos Now!, logiciel de pilotage opérationnel de la Performance, - Devise : « Faire de la performance le quotidien de chacun ».

ANNEXE 2 : LE PLANNING

Tâche	fév 1	2	3	4	mars 5	6	7	8	avril 9	10	11	12	13	mai 14	15	16	juin 17	18	19	20	21	juil 22	23	24	25	Nb de jours par tâche
Arrivée, découverte du projet	5																									5
Analyse Administration		5	2																							7
Recherche Sociétés			2																							2
FTU Administration			1																							1
Dév Administration				5	5	1																				11
TU Administration						3																				3
Analyse Tableau de bord							3,5	2																		5,5
FTU Tableau de bord								1																		1
Dév Tableau de bord									2	4,5	4	2,5														13
TU Tableau de bord													1													1
Analyse Engine													2	2												4
FTU Engine														1												1
Dév Engine															4	1										5
TU Engine																1										1
Analyse Page Test																1,5										1,5
Dév Page Test																1,5	1,5									3
TU Page Test																	0,5									0,5
Filtre des autorisations par profil																	2									2
Indicateurs détaillés																		4	2							6
Commentaire sur un point																			2							2
Déplacement valeur + tableau																				4	5					9
Le template																						5	2			7
Graphique suivant le template																							2	3		5
Mise en production																								2		2
Ecriture du mémoire						1	1,5	2	3	0,5	1				0,5		1	1	1	1			1			14,5
Jour férié, pont, absence												2,5	2	2	0,5											7
Total de jour par semaine	5	5	5	5	5	5	5	5	5	5	5	5	5	5	5	5	5	5	5	5	5	5	5	5	0	120

ANNEXE 3 : EXEMPLE D'UNE FICHE DE TEST UNITAIRE (FTU)

	Projet KPI	Édité le 28/05/2008 Page 1/2
ARC INTERNATIONAL	ADMINISTRATION	
FICHES DE TEST UNITAIRES	Fiches KPI : Administration	

Objet testé : Les Familles	**Auteur : A. Alexandre**
Testé le : 12/03/08	**Par : S. Vels**
Validé le :	**Par :**

<table>
<tr><th colspan="5">Liste des cas testés sur dwwacc</th></tr>
<tr><th>N°</th><th>Description du cas à tester</th><th>Résultat Attendu</th><th>Données utilisées</th><th>OK/ KO</th></tr>
<tr><td>1</td><td>- Un ou plusieurs champs obligatoires non renseignés</td><td>- Alerte affichée lors de la validation
- Famille non créée ou non modifiée</td><td>Famille : Finance</td><td>OK</td></tr>
<tr><td>2</td><td>- Case de suppression cochée
- Famille ayant des indicateurs</td><td>- Alerte affichée lors du clic sur la case de suppression</td><td>Famille : Informatique</td><td>OK</td></tr>
<tr><td>3</td><td>- Tous les champs obligatoires sont renseignés</td><td>- Famille créée ou modifiée
- Identifiant de la famille incrémentée de 1 (pour le mode création)</td><td>Famille : Finance</td><td>OK</td></tr>
<tr><td>4</td><td>- Case de suppression cochée
- Famille n'ayant pas d'indicateurs</td><td>- Alerte affichée pour confirmer la suppression</td><td>Famille : Finance2</td><td>OK</td></tr>
<tr><td>5</td><td>- Un ou plusieurs champs texte avec des quotes : libellé famille ou commentaire</td><td>- Création ou modification de l'indicateur avec les quotes correctes (dans la base de données)</td><td>Famille : Ch'ti Finance</td><td>OK</td></tr>
</table>

6	- Un ou plusieurs champs texte avec des caractères accentués : libellé famille ou commentaire	- Création ou modification de l'indicateur avec les accents (dans la base de données)	Famille : Mécanique	OK

Objet testé : Les Indicateurs	Auteur : A. Alexandre
Testé le : 12/03/08	Par : S. Vels
Validé le :	Par :

Liste des cas testés sur dwwacc

N°	Description du cas à tester	Résultat Attendu	Données utilisées	OK/ KO
1	- Aucune famille sélectionnée - Clic sur le bouton « Lancer »	- Alerte indiquant qu'aucune famille n'est sélectionnée	Rien	OK
2	- Un ou plusieurs des champs obligatoires non renseignés	- Alerte affichée lors de la validation - Aucun indicateur créé ou modifié	Famille : Contrôle de gestion Données renseignées : libellé, mnémonique, niveau d'autorisation, commentaire, état, durée de vie	OK
3	- Champ « Durée de vie » non numérique	- Alerte affichée lors de la validation - Aucun indicateur créé ou modifié	Durée de vie : RRR	OK
4	- Clic sur « ? » du fichier d'aide - Aucun fichier enregistré	- Alerte indiquant qu'il n'y a pas de fichier à visualiser		OK
5	- Clic sur « ? » du fichier d'aide - Un fichier enregistré	- Affichage du document d'aide (dans un pop-up)	Fichier : photo	OK
6	- Clic sur le bouton « Charger »	- Affichage du pop-up de chargement de document	Fichier : photo51	OK
7	- Case « Automatique » cochée	- Les champs « Cycle » et « Fonction » deviennent modifiables		OK
7Bis	- Case « Calcul Instantané » cochée	- Le champ « Fonction » devient modifiable		OK
8	- Case « Automatique » cochée - « Cycle » et/ou « Fonction » non renseigné	- Alerte indiquant que les champs obligatoires ne sont pas renseignés - Aucun indicateur créé ou modifié		OK
9	- Min Vert > Max Vert - Min Orange > Max Orange - Min Rouge > Max Rouge	- Alerte indiquant que le min est plus grand que le max - Aucun indicateur créé ou modifié		OK
10	- Indicateur ayant des données - Clic sur le bouton « Supprimer »	- Alerte indiquant que la suppression est refusée - Aucun indicateur supprimé		OK
11	- Un ou plusieurs champs texte avec des quotes	- Création ou modification de l'indicateur	Famille : Finance, Indicateur : Nb factures impayées, Commentaire : Ajout de " à la fin	OK

- 89 -

12	- Toutes les données sont correctement renseignées : Création	- Indicateur sauvegardé	Famille: Finance, Indicateur: Nb factures impayées Champs renseignés : libellé, unité, niv d'autorisation, commentaire, état, mnémonique, durée de vie	OK
13	- Modification d'un indicateur	- Indicateur sauvegardé	Durée = 24	OK

ANNEXE 4 : DESSIN DE CHAÎNE (ARCHITECTURE DE L'APPLICATION

Projet : KEY PERFORMANCE INDICATOR (KPI)		Créé le 13/02/2008
Document : Dessin de chaîne		Modifié le 13/02/2008
Auteur : A.ALEXANDRE		Imprimé le 13/02/2008

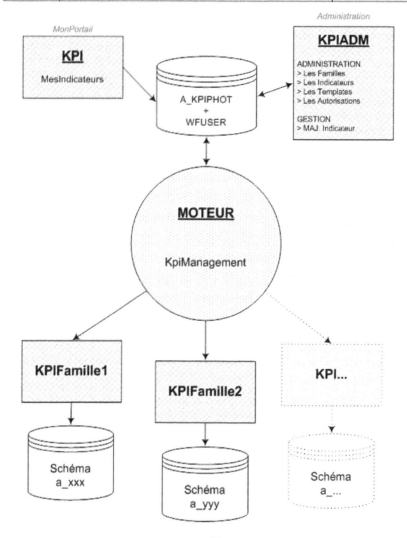

ANNEXE 5 : MCD ET DESCRIPTION DES TABLES

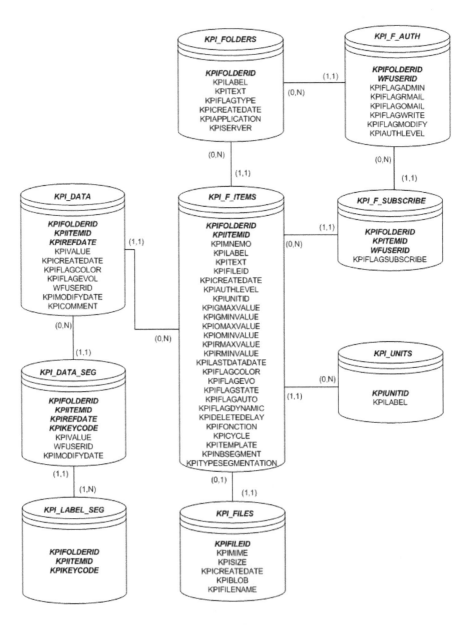

o **KPI_FOLDERS** : contient les données sur les familles d'indicateurs.

Table KPI_FOLDERS		
Champ	**Type (et Longueur)**	**Description**
KPIFOLDERID ⇥	Number	Identifiant dossier = famille
KPILABEL	Varchar(50)	Libellé
KPITEXT	Varchar(50)	Commentaire (HTML)
KPIFLAGTYPE	Char(1)	Type de Famille : A = Public, P = Privé
KPICREATEDATE	Date	Date de création
KPIAPPLICATION	Varchar(50)	Application (nom du dossier)
KPISERVER	Varchar(50)	Serveur (nom du fichier métier)

o **KPI_F_ITEMS** : contient les données de l'indicateur.

Table KPI_F_ITEMS		
Champ	**Type (et Longueur)**	**Description**
KPIFOLDERID ⇥	Number	Identifiant dossier = famille
KPIITEMID ⇥	Number	Identifiant de l'indicateur
KPIMNEMO	Varchar(15)	Mnémonique
KPILABEL	Varchar(50)	Libellé
KPITEXT	Varchar(500)	Commentaire (HTML)
KPIFILEID	Number	Identifiant du fichier d'aide (Cf table KPI_FILES)
KPICREATEDATE	Date	Date de création
KPIAUTHLEVEL	Number	Niveau d'autorisation
KPIUNITID	Number	Code unité
KPIGMAXVALUE	Varchar(20)	Valeur Maxi Vert
KPIGMINVALUE	Varchar(20)	Valeur Min Vert
KPIOMAXVALUE	Varchar(20)	Valeur Maxi Orange
KPIOMINVALUE	Varchar(20)	Valeur Min Orange
KPIRMAXVALUE	Varchar(20)	Valeur Maxi Rouge
KPIRMINVALUE	Varchar(20)	Valeur Min Rouge
KPILASTDATADA	Date	Date du dernier calcul

TE		
KPIFLAGCOLOR	Char(1)	Flag couleur (Rouge, Orange, Vert)
KPIFLAGEVO	Char(1)	Flag évolution (Positive, Négative, Stable)
KPIFLAGSTATE	Char(1)	Flag état (En cours, Valide, Archivé)
KPIFLAGAUTO	Char(1)	Flag automatique. Récupération des valeurs via l'engine
KPIFLAGDYNAMIC	Char(1)	Flag de calcul de l'indicateur lors de l'affichage
KPIDELETEDELAY	Number	Nombre de moi de durée de vie
KPIFONCTION	Varchar(50)	Fonction se trouvant dans le métier
KPICYCLE	Char(1)	H : heure ou J : jour
KPITEMPLATE	BLOB	Paramètres du template : type de graphique, ...
KPINBSEGMENT	Int(2)	Nombre de segment de l'indicateur. Facultatif, > 2 (sinon pas de segment)
KPIFLAGSEGMENTATION	Char(1)	Type de segmentation de l'indicateur : N = normal, S = Segmenté, D = Détaillé

o **KPI_UNITS** : contient les données sur les unités de mesure (euro, mètre, nb...)

Table KPI_UNITS		
Champ	Type (et Longueur)	Description
KPIUNITID ⊶	Number	Code Unité
KPILABEL	Varchar(50)	Libellé

o **KPI_FILES** : contient les données sur les fichiers d'aide.

Table KPI_FILES		
Champ	Type (et Longueur)	Description
KPIFILEID ⊶	Number	Identifiant fichier
KPIMIME	Varchar(50)	Type mime du fichier (type de fichier)
KPISIZE	Number	Taille du fichier

KPICREATEDATE	Date	Date de création
KPIBLOB	BLOB	Blob du fichier
KPIFILENAME	Varchar(50)	Nom du fichier

- o **KPI_F_SUBSCRIBE** : gère les abonnements entre les utilisateurs et les indicateurs.

Table KPI_F_SUBSCRIBE		
Champ	**Type (et Longueur)**	**Description**
KPIFOLDERID ⊶	Number	Identifiant dossier = famille
KPIITEMID ⊶	Number	Identifiant de l'indicateur
WFUSERID ⊶	Number	Identifiant utilisateur
KPIFLAGSUBSCRIBE	Char(1)	Flag d'abonnement

- o **KPI_DATA** : contient toutes les données de l'indicateur.

Table KPI_DATA		
Champ	**Type (et Longueur)**	**Description**
KPIFOLDERID ⊶	Number	Identifiant dossier = famille
KPIITEMID ⊶	Number	Identifiant de l'indicateur
KPIREFDATE ⊶	Date	Date de référence (date de valeur)
KPIVALUE	Varchar(20)	Valeur de l'indicateur
KPICREATEDATE	Date	Date de création
KPIFLAGCOLOR	Char(1)	Flag couleur (Rouge, Orange, Vert)
KPIFLAGEVO	Char(1)	Flag évolution (Positif, Négatif, Stable)
WFUSERID	Number	Identifiant Utilisateur. Si renseigné alors Saisi / Modifié par l'utilisateur
KPIMODIFYDATE	Date	Date de modification par l'utilisateur
KPICOMMENT	Varchar(100)	Commentaire sur la donnée (HTML)

- o **KPI_DATA_SEG** : contient les données d'un indicateur segmenté.

Table KPI_DATA_SEG

Champ	Type (et Longueur)	Description
KPIFOLDERID ⊷	Number	Identifiant dossier = famille
KPIITEMID ⊷	Number	Identifiant de l'indicateur
KPIREFDATE ⊷	Date	Date de référence (date de valeur)
KPIKEYCODE ⊷	Varchar(50)	Code du segment (libellé)
KPIVALUE	Varchar(20)	Valeur de l'indicateur
WFUSERID	Number	Identifiant utilisateur. Si renseigné alors Saisi / Modifié par l'utilisateur
KPIMODIFYDATE	Date	Date de modification par l'utilisateur

o **KPI_LABEL_SEG** : contient les codes des segments.

Table KPI_LABEL_SEG

Champ	Type (et Longueur)	Description
KPIFOLDERID ⊷	Number	Identifiant dossier = famille
KPIITEMID ⊷	Number	Identifiant de l'indicateur
KPIKEYCODE ⊷	Varchar(50)	Code du segment

o **KPI_F_AUTH** : contient les données sur les autorisations accordées aux famille d'indicateurs et aux utilisateurs.

Table KPI_F_AUTH

Champ	Type (et Longueur)	Description
KPIFOLDERID ⊷	Number	Identifiant dossier = famille
WFUSERID ⊷	Number	Identifiant utilisateur
KPIFLAGADMIN	Char(1)	Flag administrateur
KPIFLAGRMAIL	Char(1)	Flag mail KPI hors limite (Rouge)
KPIFLAGOMAIL	Char(1)	Flag mail KPI hors limite (Orange)
KPIFLAGWRITE	Char(1)	Flag autorisation de création de données
KPIFLAGMODIFY	Char(1)	Flag autorisation de modification de données
KPIAUTHLEVEL	Number	Niveau d'autorisation

ANNEXE 6 : ORGANIGRAMME DE L'ENGINE

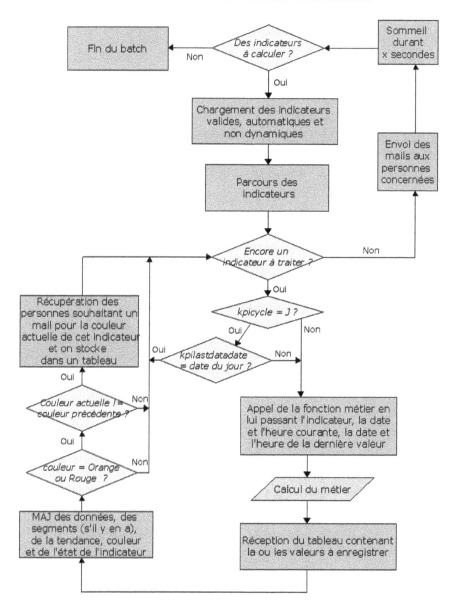

Annexe 7 : Présentation de l'application (captures d'écran)

L'administration

○ **Les familles**

Gestion des Familles

[Valider]

Nbre de lignes : 7

Famille	Libellé de la famille	Type	Commentaire	Application	Serveur	☒
28	Contrôle de gestion	Public ∨	CO - avec valeurs	Test	Test	☐
21	Finance	Public ∨	Test pour Finance sans valeur	appli_fi	TestServeur	☐
2	Informatique	Privé ∨	famille de l'informatique	appliInfo	serveurInfo	☐
36	KpiTest Engine	Privé ∨	Test pour l'engine	kpitest	Test	☐
24	mécanique	Privé ∨	Mécanique de AIF	test	test	☐
33	TEST PRIVE	Privé ∨	test de famille privé	test	test	☐
26	test sup2	Public ∨	test_	ytets	test	☐
		∨				☐
		∨				☐
		∨				☐

○ **Les Indicateurs**

On choisit une famille parmi la liste des familles créées.

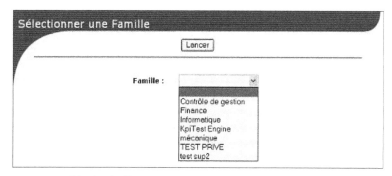

L'ensemble des indicateurs de la famille s'affiche. Il est possible de :

– créer un nouvel indicateur de la famille (bouton « Nouvel Indicateur »),

– modifier ou supprimer un indicateur (on clique sur l'identifiant de l'indicateur).

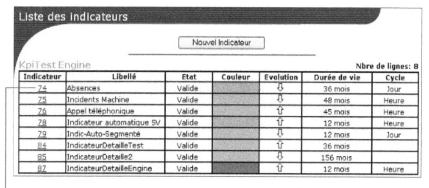

Indicateur	Libellé	Etat	Couleur	Evolution	Durée de vie	Cycle
74	Absences	Valide		⇩	36 mois	Jour
75	Incidents Machine	Valide		⇩	48 mois	Heure
76	Appel téléphonique	Valide		⇧	45 mois	Heure
78	Indicateur automatique SV	Valide		⇧	12 mois	Heure
79	Indic-Auto-Segmenté	Valide		⇩	12 mois	Jour
84	IndicateurDetailleTest	Valide		⇧	36 mois	
85	IndicateurDetaille2	Valide		⇩	156 mois	
87	IndicateurDetailleEngine	Valide		⇧	12 mois	Heure

Les pages de création, modification et suppression d'un indicateur sont identiques :

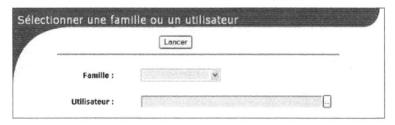

Modifier un Indicateur

[Valider] [Supprimer]

Identifiant : `74`   Famille : `KpiTestEngine`

Libellé : `Absences`   Etat : `Valide ▾`

Couleur : `Orange`   Evolution : `Négative`

Automatique : ☑   Calcul instantané : ☐

Cycle : `Jour ▾`   Fonction : `AbsencesTest`

Code Unité : `absences ▾`   Fichier d'aide : `                ` ⑦ [Charger]

Mnémonique : `Absences_Test`   Type : ⊙ Normal ○ Segmenté ○ Détaillé
                                            ⑦ `    ` Segments [Suite]

Niveau Aut. : ⊙0 ○1 ○2 ○3 ○4 ○5   Durée de vie : `36` mois

Date création : `28.04.2008`   Dernier Calcul : `14.05.2008 00:00:00`

Commentaire : `                                                    `

Couleur	Min	Max
Vert	0	15
Orange	16	30
Rouge	31	+

- pour l'infiniment petit, + pour l'infiniment grand

- o Les Autorisations

On choisit un utilisateur et / ou une famille d'indicateurs.

Sélectionner une famille ou un utilisateur

[Lancer]

Famille : `              ▾`

Utilisateur : `                              ` [..]

Affichage par famille :

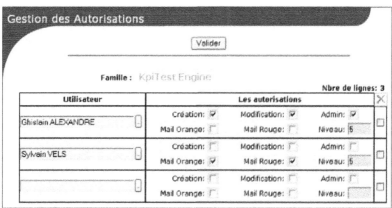

Affichage par utilisateur :

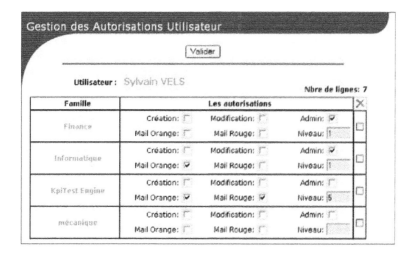

LE TABLEAU DE BORD

○ L'accueil

Il s'agit de la première page qui est visible lors de l'ouverture du tableau de bord. Elle varie en fonction des droits de l'utilisateur.

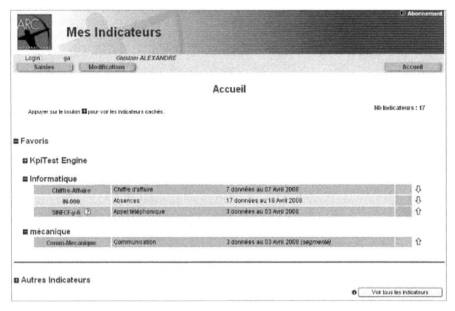

○ Choix d'un indicateur pour la saisie ou la modification

Après avoir choisi une famille (parmi une liste déroulante), on choisit un indicateur de la famille puis on clique sur l'icône « crayon » à gauche du mnémonique. Cette configuration est valable pour les indicateurs segmentés ou non, en mode saisie ou modification.

Mes Saisies		KpiTest Engine	
✎	Absences_Test	Absences	8 données au 14 Mai 2008	⇩
✎	Ind-Aut-SV	Indicateur automatique SV	5 données au 20 Mai 2008	⇧
✎	Appel_Tel_Test	Appel téléphonique	3 données au 29 Avril 2008 *(segmenté)*	⇧
✎	IncidentMachine	Incidents Machine	3 données au 30 Avril 2008	⇩
✎	SV-AUTO-SEGM	Indic-Auto-Segmenté	8 données au 14 Juin 2008 *(segmenté)*	⇩
✎	TestDetaille	IndicateurDetailleTest	3 données au 03 Juin 2008 *(détaillé)*	⇧
✎	Testttt	IndicateurDetaille2	4 données au 14 Juin 2008 *(détaillé)*	⇩
✎	IndicDetail-Eng	IndicateurDetailleEngine	3 données au 03 Juin 2008 *(détaillé)*	⇧

o **Saisie d'un indicateur (non segmenté)**

On affiche les 3 dernières données puis on ajoute 3 lignes vides afin que l'utilisateur puisse créer de nouvelles données.

Valider		
Mes Saisies	**KpiTest Engine**	**Absences**
❶		
Date	**Valeur**	**Commentaire**
29.04.2008 00:00:00	40	blabla !!!
12.05.2008 00:00:00	25	ceci est just un test
14.05.2008 00:00:00	16	seulement un test encore...
[____] 📅▾	[____]	[____]
[____] 📅▾	[____]	[____]
[____] 📅▾	[____]	[____]

o **Saisie d'un indicateur (segmenté)**

Les 3 dernières données sont également affichées et un bouton
« Nouvelle donnée » permet d'ouvrir le pop-up suivant :

Mes Saisies	KpiTest Engine	IndicateurDetaille2

Créer

Date :

Commentaire :

Les segments :

Code	Valeur

o **Modification d'un indicateur**

En mode modification, les pages sont sensiblement identiques à celles de la
saisie mis à part que l'on affiche toutes les données sur une période donnée, que
celles-ci sont modifiables et qu'aucune ligne vide ou bouton « Nouvelle Donnée » ne
sont ajoutés.

- **Graphique**

Le graphique s'ouvre dans un pop-up lorsque l'on clique sur le mnémonique de l'indicateur. Le détail des données est regroupé dans un tableau sous le graphique. S'il s'agit d'un indicateur avec des segments, le détail de chaque donnée est possible en cliquant sur l'icône « graphique ». De plus, seules quelques données sont affichées (paramétrables dans le template) et des flèches permettent de parcourir l'ensemble des données.

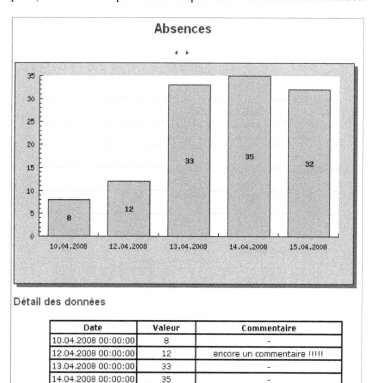

Détail des données

Date	Valeur	Commentaire
10.04.2008 00:00:00	8	-
12.04.2008 00:00:00	12	encore un commentaire !!!!!
13.04.2008 00:00:00	33	-
14.04.2008 00:00:00	35	-
15.04.2008 00:00:00	32	un petit commentaire......

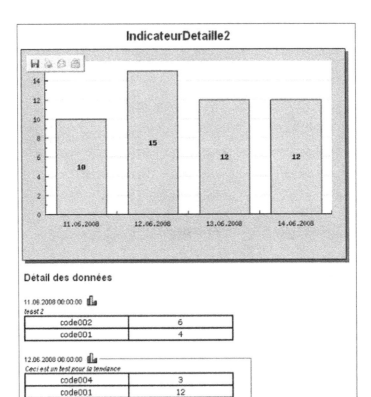

Détail des données

11.06.2008 00:00:00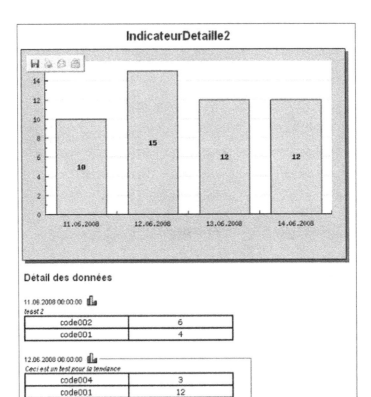

test 2

code002	6
code001	4

12.06.2008 00:00:00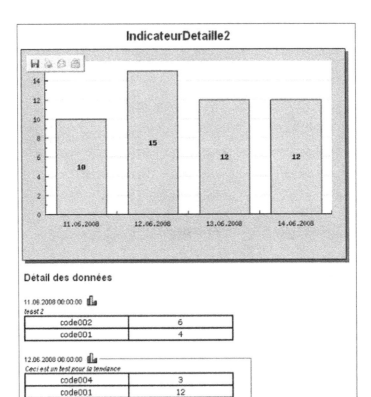

Ceci est un test pour la tendance

code004	3
code001	12

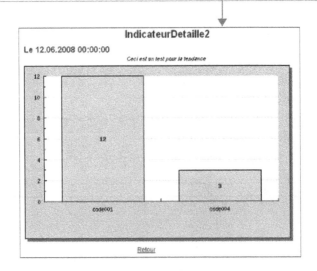

Une maison d'édition scientifique

vous propose

la publication gratuite

de vos articles, de vos travaux de fin d'études, de vos mémoires de master, de vos thèses ainsi que de vos monographies scientifiques.

Vous êtes l'auteur d'une thèse exigeante sur le plan du contenu comme de la forme et vous êtes intéressé par l'édition rémunérée de vos travaux? Alors envoyez-nous un email avec quelques informations sur vous et vos recherches à: info@editions-ue.com.

Notre service d'édition vous contactera dans les plus brefs délais.

Éditions universitaires européennes
est une marque déposée de
Südwestdeutscher Verlag für
Hochschulschriften GmbH & Co. KG
Dudweiler Landstraße 99
66123 Sarrebruck
Allemagne

Téléphone : +49 (0) 681 37 20 271-1
Fax : +49 (0) 681 37 20 271-0
Email : info[at]editions-ue.com
www.editions-ue.com